Günther R. Vollmer

Prüfungsorientierte Aufgabensammlung

Personalmanagement

Teil II: Personal führen und entwickeln

HOLZMANN. MEDIEN

4., überarbeitete Auflage 2025

Lektorat: Achim Sacher | Carmen Kirchner, Holzmann Medien | Buchverlag
Layout und Satz: Markus Kratofil, Holzmann Medien | Buchverlag

Druck: Booksfactory.de
Artikel-Nr. 1889.04
ISBN: 978-3-7783-1806-5

Vorwort der Herausgeber

Am 1. April 2011 ist die nach § 42 des Gesetzes zur Ordnung des Handwerks (Handwerksordnung [HwO]) vom Bundesministerium für Bildung und Forschung erlassene bundesweite Verordnung über die Prüfung zum anerkannten Fortbildungsabschluss

„Geprüfter Betriebswirt/Geprüfte Betriebswirtin nach der Handwerksordnung“

in Kraft getreten. Damit sind die bisherigen Regelungen bei den einzelnen Handwerkskammern durch die bundeseinheitliche Rechtsverordnung Zug um Zug ersetzt worden. Das Themenfeld „Bildung“ wird seit 2025 vom neuen Bundesministerium für Bildung, Familie, Senioren, Frauen und Jugend verantwortet.

Auf dieser Grundlage haben die Herausgeber Bernd-Michael Hümer, Prof. Dr. Werner Rössle und Dr. Heinz Stark zusammen mit Holzmann Medien eine zehnbändige Lehr- und Lernbuchreihe **„Kompetenzen zum Erfolg“** entwickelt und 2014 auf den Markt gebracht. Die darin behandelten Aufgabenfelder und Handlungsbereiche einer fortschrittlichen Unternehmensführung im Handwerk bilden den Gegenstand in der Prüfung zum/zur „Geprüften Betriebswirt/Geprüften Betriebswirtin nach der HwO“. Entsprechend der bundesweiten Verordnung und gemäß den Vorgaben des Zentralverbands des Deutschen Handwerks mit der Zentralstelle für die Weiterbildung im Handwerk e. V. (ZWH) sind die in den zehn Bänden „Kompetenzen zum Erfolg“ erörterten Inhalte den vier handlungsorientierten Prüfungsteilen

- Unternehmensstrategie
- Unternehmensführung
- Personalmanagement und
- Innovationsmanagement

zugeordnet. Ziel der Prüfung ist der Nachweis der notwendigen Qualifikationen, um ein Unternehmen nachhaltig, strategisch und verantwortlich führen zu können.

Mit einem strategisch ausgerichteten Verständnis des Handelns sollen diese Aufgaben mit betriebswirtschaftlicher Fachkompetenz, verbunden mit Methoden-, Führungs- und Sozialkompetenz, wahrgenommen werden. Bei der Erarbeitung neuer Lösungen sind die ökonomischen, ökologischen und sozialen Dimensionen eines nachhaltigen Wirtschaftens zu berücksichtigen.

Da sich die Prüfungen am Vorgenannten orientieren sollen, werden die Prüfungsgegenstände überwiegend in Form von Fallbeispielen, sogenannten **„situationsbezogenen Aufgaben“**, dargestellt. Dabei wird die Qualität der Prüfungsergebnisse wesentlich von den Erfahrungen in der Bearbeitung von Fallbeispielen bestimmt. Qualitätssteigerungen lassen sich vor allem durch Bearbeiten von möglichst vielen und unterschiedlichen situativen Aufgaben zu Teilfragen des Managements erzielen.

Daher haben sich Herausgeber und Verlag entschlossen, die Lehr- und Lernbuchreihe **„Kompetenzen zum Erfolg“** durch **prüfungsorientierte Aufgabensammlungen** „Kompetenzen zum Erfolg“ **(mit Lösungshinweisen)** zu ergänzen. Die damit verbundenen Zielsetzungen sind

1. **die Überprüfung der beim Leser vorliegenden Kompetenzen zur Unternehmensführung,**
2. **das Erkennen von Defiziten bei den erforderlichen Kompetenzen sowie**
3. **eine bessere Vorbereitung in den zehn Teilbereichen/Fachgebieten der Prüfung zum/zur „Geprüften Betriebswirt/Geprüften Betriebswirtin nach der HwO“.**

Damit diese Ziele bestmöglich erreicht werden können, wurden die Gliederungen und Inhalte der einzelnen Aufgabensammlungen analog zu den dazugehörenden Lehr- und Lernbüchern aufgebaut. Die Umfänge der einzelnen „situationsbezogenen Aufgaben“ orientieren sich an den inhaltlichen und zeitlichen Vorgaben zur Durchführung der Prüfung in den vier Prüfungsteilen und Prüfungszeiten entsprechend der vom Bundesministerium erlassenen Verordnung.

Die Lösungshinweise einer „situationsbezogenen Aufgabe“ verstehen die Autoren und Autorinnen bewusst nur als **Vorschläge zur Problemlösung,** die auf den Ausführungen in dem dazugehörenden Lehr- und Lernbuch basieren. Diese Verzahnung der einzelnen Aufgabensammlungen mit dem jeweiligen Lehr- und Lernbuch verbessert den Lernerfolg und fördert den Ausbau der Kompetenzen ganz wesentlich. Grundsätzlich sind auch andere Lösungswege und Ergebnisse als die vorgeschlagenen Lösungshinweise denkbar und zulässig, aber Logik und Begründung für den gewählten Lösungsweg müssen stimmig sein und überzeugen.

Bei der Arbeit mit den vorliegenden **Aufgabensammlungen „Kompetenzen zum Erfolg“** wünschen wir Ihnen einen großen Know-how-Zuwachs, zunehmende Sicherheit bei der Lösung situationsbezogener Prüfungsaufgaben und nicht zuletzt ein großes Durchhaltevermögen für die Prüfung selbst. Viel Erfolg!

Hinweise und Anregungen zur Verbesserung der Aufgabensammlungen als Ganzes und im Detail werden wir gerne prüfen und leserorientiert berücksichtigen.

Die Herausgeber und Holzmann Medien | Buchverlag

Vorwort des Autors

Das vorliegende Arbeitsheft ist als Ergänzung zum Lehr- und Lernbuch „Personalmanagement - Teil 2: Personal führen und entwickeln“ der Schriftenreihe „Kompetenzen zum Erfolg“ gedacht. Anhand des Arbeitsheftes können die Teilnehmer und Teilnehmerinnen des Kurses zum Weiterbildungsabschluss „Geprüfte/r Betriebswirt/in nach der Handwerksordnung“ selber prüfen, wie sie ihre Kenntnisse in eine erfolgreiche Personalführung umsetzen können.

Die Gliederung des Arbeitshefts entspricht derjenigen des Lehrbuchs. Die Aufgaben sind handlungsorientiert und sollen damit den Praxisbezug untermauern. Musterprüfungsaufgaben mit Lösungen runden die vorliegende Aufgabensammlung ab.

Nun ist seit Langem aus der Arbeitspsychologie bekannt, dass die Lösung situationsbezogener Aufgaben in der Personalführung das eine und die Umsetzung in der Praxis das andere ist. Mit anderen Worten: Es gibt Führungskräfte, die aufgrund ihrer guten Auffassungsgabe die situationsbezogenen Aufgaben rasch und richtig lösen, jedoch in der Praxis ein anderes Verhalten zeigen. Einigen Führungskräften ist diese Verhaltenslücke nicht bewusst. Anderen ist zwar bewusst, dass sie sich nicht wie gewünscht verhalten, haben jedoch die entsprechenden Verhaltensweisen nicht in ihrem Repertoire.

Diese prüfungsorientierte Aufgabensammlung bietet daher auch Übungen zur Selbstreflexion an, deren Bearbeitung vor der Lösung der Aufgabe empfohlen wird. So wird die Komplexität des betrieblichen Alltags deutlich.

Ludwigsburg, im Oktober 2025

Günther R. Vollmer

Inhaltsverzeichnis

I. Aufgaben zur handlungsorientierten Prüfungsvorbereitung

1. Motivieren – Grundlage der Führung

Erforderliche Kompetenzen

- Individuell motivieren können: Die Bedürfnishierarchie anwenden.
- Erwartungen der Mitarbeiter positiv beeinflussen können.
- Mitarbeiter fair behandeln.
- Das Arbeitsengagement der Mitarbeiter fördern können.
- Faktoren, die Unzufriedenheit bei Mitarbeitern bewirken, verringern und Faktoren, die bei Mitarbeitern Zufriedenheit bewirken, fördern.

1.1 Situationsbezogene Aufgabe „Individuell motivieren"
(Bearbeitungszeit 60 Minuten)

Handlungssituation

Elektromeister Müller hat drei Mitarbeiter, die er motivieren möchte. Aus der Personalführung weiß er, dass Loben ein wichtiges Motivationsinstrument ist. Nun macht er dabei folgende Erfahrungen.

Obermonteur Mayer kommt zu ihm und zeigt voller Stolz, wie er ein schwieriges Problem gelöst hat. Er lobt ihn für die erbrachte Leistung. An der Miene des Mitarbeiters erkennt Müller, dass sich sein Mitarbeiter über das Lob gefreut hat. Bei der nächsten schwierigen Aufgabe strengt sich Mayer mächtig an, um wiederum ein gutes Arbeitsergebnis vorlegen zu können.

Bei Obermonteur Fritz macht er eine andere Erfahrung. Dieser hat ebenfalls eine schwierige Aufgabe gelöst. Aber dieses Mal zeigt das Lob nicht die gewünschte Wirkung. An der Miene des Mitarbeiters sieht er, dass dieser sich nicht über das Lob freut. Er schaut ihn verwundert an, als ob er fragen wollte, was sein Vorgesetzter mit dem Lob bezwecke. Als er ihn darauf anspricht, sagt der Mitarbeiter, dass ihm die Arbeit gefalle, und was er gerade gemacht habe, sei nichts Außergewöhnliches. Und er setze sich immer selber das Ziel, gut zu arbeiten. Aufgrund des Resultates wisse er selbst, dass er die schwierige Aufgabe gut gelöst habe.

Schließlich macht er bei einem weiteren Mitarbeiter - Obermonteur Schulz - noch eine andere Erfahrung. Als er ihn für seine gute Arbeit lobt, entgegnet der Mitarbeiter, dass sich Meister Müller dafür einsetzen möge, dass die beiden Mitarbeiter auf ihn hören sollten, wenn es darum gehe, knifflige Aufgaben zu lösen. Er sei derjenige, der am längsten im Betrieb sei.

Elektromeister Müller fragt sich daraufhin, wieso das Lob bei Obermonteur Mayer gewirkt hat und bei den Obermonteuren Fritz und Schulz nicht und wie er diese motivieren kann.

Situationsbezogene Fragen

a) Wie lassen sich die Reaktionen der drei Mitarbeiter erklären? Greifen Sie dazu auf die Hierarchie der Bedürfnisse zurück.

b) Wie kann der Vorgesetzte die Mitarbeiter Fritz und Schulz adäquat motivieren? Beschreiben Sie jeweils individuelle Maßnahmen.

1.2 Situationsbezogene Aufgabe „Fairness“

(Bearbeitungszeit 50 Minuten)

Handlungssituation

In einem Zimmereibetrieb erbringt Kurt Fleißig seit Jahren die besten Ergebnisse seiner Arbeitsgruppe. Auch seine Kollegen schätzen seine hervorragenden Leistungen. Die Auftragslage im Betrieb ist sehr gut, und er ist für den Handwerksunternehmer eine Stütze im Betrieb.

In letzter Zeit bringt Fleißig immer wieder indirekt zum Ausdruck, dass er sich unfair behandelt und ausgenützt fühlt. Verglichen mit anderen stehe das, was er bekomme, nicht im richtigen Verhältnis zu seiner Leistung.

Von einem Mitarbeiter weiß der Handwerksunternehmer, dass Fleißig sich bei einem anderen Betrieb beworben hat und mit dem Gedanken spielt, den Betrieb zu verlassen. Trotz alltäglicher Arbeitshektik beschließt der Handwerksunternehmer, mit Fleißig ein persönliches Gespräch zu führen, in dem er herausfinden möchte, bei welchen Punkten Ertrag und Aufwand nicht im Einklang stehen.

Situationsbezogene Fragen

a) Woran macht der leistungsstarke Mitarbeiter die mangelnde Fairness fest? Mit wem vergleicht er sich? Welche Verhaltensweisen wird er möglicherweise zeigen?

b) Welche Tatbestände wird der Handwerksunternehmer prüfen, um festzustellen, ob der Mitarbeiter tatsächlich unfair behandelt wird? Wie wird er im Gespräch vorgehen?

1.3 Situationsbezogene Aufgabe „Unzufriedene Mitarbeiter“
(Bearbeitungszeit 60 Minuten)

Handlungssituation

In einem Stuckateurbetrieb bekunden neu eingetretene Mitarbeiter zunehmend, dass sie unzufrieden sind. Dem Unternehmer ist die Unzufriedenheit über Dritte zu Ohren gekommen. Er möchte Maßnahmen ergreifen und die Zufriedenheit der Mitarbeiter fördern.

In einem Gespräch mit den neu eingetretenen Mitarbeitern möchte er herausfinden, welche „Unzufriedenmacher“ und welche „Zufriedenmacher“ die Mitarbeiter aufführen. Dann möchte er geeignete Maßnahmen einleiten. Dazu erarbeitet er als Gesprächsgrundlage eine Checkliste mit den wichtigsten Faktoren.

Aus der Personalführung kennt er das Konzept der Motivatoren und Hygienefaktoren, das viele Betriebe erfolgreich umgesetzt haben. Dieses Konzept möchte der Betriebsinhaber nun anwenden.

Machen Sie zunächst Übung 1.5, bevor Sie die Aufgabe lösen.

Situationsbezogene Fragen

a) Welche Faktoren führen bei den Mitarbeitern möglicherweise zu Unzufriedenheit, welche möglicherweise zu Zufriedenheit (Erarbeitung einer Gesprächsgrundlage)?

b) Welche Maßnahmen sind geeignet, die Unzufriedenheit zu verringern und die Zufriedenheit der neu eingetretenen Mitarbeiter zu verbessern?

1.4 Übung zur Selbstreflexion

Schätzen Sie anhand folgender Aussagen ein, wie fair Ihr Betrieb Ihnen gegenüber ist.

		stimmt	stimmt nicht
Bezahlung - Grundsätze	Die Grundsätze bei Lohn-/Gehaltserhöhungen in meinem Betrieb sind fair.		
Bezahlung - Anwendung der Grundsätze	Mein Vorgesetzter beurteilt fair, wenn er jemanden für eine Lohn-/Gehaltserhöhung vorschlägt bzw. das Entgelt erhöht.		
Lohn- und Gehaltsniveau	Mein Betrieb zahlt mehr als andere Betriebe dieser Region.		
Arbeitstempo	Mein Vorgesetzter schafft es, dass jeder das geforderte Arbeitstempo einhält.		
Arbeitsordnung	Mein Vorgesetzter schafft es, dass jeder pünktlich ist und sich an die Arbeitsordnung hält.		

Überwiegen die Einstufungen „Stimmt“ oder „Stimmt nicht“? Bei Überwiegen der Antworten „Stimmt nicht“ sind Verbesserungen zu planen und zu realisieren.

1.5 Übung zur Selbstreflexion „Motivation“

Um einen Einblick in die eigene Motivation zu bekommen, machen Sie die folgende Übung. Markieren Sie bitte von den folgenden Begriffspaaren denjenigen Begriff, der Ihnen zurzeit für Ihren Arbeitsplatz wichtiger ist. Vergleichen Sie bitte die Begriffspaare spontan und zügig.

1.	gute Bezahlung	oder	Vorwärtskommen
2.	angenehmes Betriebsklima	oder	Selbstständigkeit
3.	Sicherheit	oder	Anerkennung
4.	Arbeitsumgebung	oder	Leistung
5.	Vorwärtskommen	oder	Anerkennung
6.	gute Bezahlung	oder	Sicherheit
7.	Selbstständigkeit	oder	Arbeitsumgebung
8.	angenehmes Betriebsklima	oder	Leistung
9.	Arbeitsumgebung	oder	angenehmes Betriebsklima
10.	Vorwärtskommen	oder	Selbstständigkeit
11.	Leistung	oder	gute Bezahlung
12.	Sicherheit	oder	Selbstständigkeit
13.	Arbeitsumgebung	oder	Vorwärtskommen
14.	Anerkennung	oder	angenehmes Betriebsklima
15.	gute Bezahlung	oder	Arbeitsumgebung
16.	Leistung	oder	Anerkennung
17.	Sicherheit	oder	Vorwärtskommen
18.	angenehmes Betriebsklima	oder	gute Bezahlung
19.	Selbstständigkeit	oder	Anerkennung
20.	Leistung	oder	Sicherheit
21.	Anerkennung	oder	Arbeitsumgebung
22.	gute Bezahlung	oder	Selbstständigkeit
23.	Vorwärtskommen	oder	angenehmes Betriebsklima
24.	Sicherheit	oder	Arbeitsumgebung
25.	gute Bezahlung	oder	Anerkennung
26.	Leistung	oder	Vorwärtskommen
27.	angenehmes Betriebsklima	oder	Sicherheit
28.	Leistung	oder	Selbstständigkeit

Auswertung

Nun können Sie zusammenzählen, wie oft Sie die einzelnen Begriffe markiert haben, und den Rangplatz berechnen. Wenn die Anzahl der Markierungen für zwei oder mehr Begriffe gleich groß ist, müssen Sie die dafür vorgesehenen Rangplätze teilen.

Beispiel: Selbstständigkeit und Vorwärtskommen wurden jeweils sechsmal markiert, kein anderer Begriff wurde häufiger gewählt, Sicherheit wurde fünfmal markiert. Selbständigkeit und Vorwärtskommen bekommen daher den Rangplatz 1,5; Sicherheit den Rangplatz 3.

Markierungen	Anzahl der Markierungen	Rangplatz
gute Bezahlung		
Vorwärtskommen		
Selbstständigkeit		
angenehmes Betriebsklima		
Anerkennung		
Leistung		
Arbeitsumgebung		
Sicherheit		

Was ist Ihnen wichtiger? Ein Motivator oder ein Hygienefaktor? Was bedeutet das für Ihre Motivation am derzeitigen Arbeitsplatz?

2. Eckpfeiler der Führung: Positives Menschenbild und Vertrauenskultur

Erforderliche Kompetenzen

Strategisches Denken und Handeln ist ein „Muss-Kriterium" für Führungskräfte im Handwerk. Hierzu erforderliche Kompetenzen sind:

- Sich von einem positiven Menschenbild beim alltäglichen Führen leiten lassen.
- Verhaltensweisen zeigen, die dem positiven Menschenbild gerecht werden.
- Das Vertrauen der Mitarbeiter gewinnen.

2.1 Situationsbezogene Aufgabe „Das moderne Menschenbild umsetzen I"

(Bearbeitungszeit 75 Minuten)

Handlungssituation

Seit einem halben Jahr ist Frau Zeller nun in der Auftragsannahme eines Kfz-Betriebs tätig, der im Ort gut eingeführt ist.

Paul Schmid ist ihr Vorgesetzter und achtete bei der Personalauswahl darauf, dass die neue Mitarbeiterin kontaktfähig ist. Ihre Vorgängerin war wenig verbindlich, ja sogar bisweilen schroff gewesen.

Im Auswahlgespräch und bei der Einweisung hob Paul Schmid hervor, dass es bei diesem Arbeitsplatz insbesondere auf Höflichkeit und Verbindlichkeit ankomme. Der Arbeitsplatz sei die „Visitenkarte" des Betriebs.

In den letzten Wochen hört er Klagen. Kunden beklagen sich, dass die Auftragsannahme andauernd besetzt sei. Bei mehreren Stichproben stellt er fest, dass das freundliche und verbindliche Verhalten von Frau Zeller bei den meisten Kunden gut ankommt, Frau Zeller jedoch mit einzelnen Kunden zu lange Gespräche bei der Auftragsannahme führt.

Er möchte ihr Verhalten ändern, und zwar dahingehend, dass sie sich kürzer fasst, aber weiterhin höflich mit den Kunden spricht. Daher bittet er sie zu einem Gespräch.

Machen Sie zunächst Übung 2.4, bevor Sie die Aufgabe lösen.

Situationsbezogene Fragen

a) Wie wird Herr Schmid vorgehen, wenn er ein traditionelles Menschenbild (Theorie X) hat?

b) Wie wird Herr Schmid vorgehen, wenn er ein modernes Menschenbild (Theorie Y) hat?

c) Wieso ist das Menschenbild für die Personalführung wichtig?

d) Welche Maßnahmen sind geeignet, das Problem zu lösen?

2.2 Situationsbezogene Aufgabe „Das moderne Menschenbild umsetzen II"

(Bearbeitungszeit 30 Minuten)

Handlungssituation

Installationsmeister Wahrig hat ein positives Menschenbild von seinen Mitarbeitern und sieht darin einen wesentlichen Erfolgsfaktor seiner Mitarbeiterführung. Dabei ist ihm bewusst, dass das positive Menschenbild allein noch nicht den Führungserfolg ausmacht, sondern die Umsetzung des Menschenbilds entscheidend ist.

Situationsbezogene Fragen

a) Welche Verhaltensweisen muss er zeigen, damit sein Menschenbild erfolgswirksam wird?

b) Wie wird er darauf reagieren, wenn ein Mitarbeiter nicht den in ihn gesetzten Erwartungen genügt?

2.3 Situationsbezogene Aufgabe „Vertrauen gewinnen"

(Bearbeitungszeit 45 Minuten)

Handlungssituation

Stefan Hornbach hat seine Stelle als Gruppenleiter eines mittelständischen Metall verarbeitenden Betriebs angetreten. Seine Arbeitsgruppe umfasst sechs Mitarbeiterinnen und Mitarbeiter. Er weiß, dass Vertrauen die Grundlage für erfolgreiche Führung ist.

Daher beschließt er, mit jedem Einzelnen ein persönliches Gespräch zu führen. In diesem Gespräch möchte er die Leitprinzipien seines Handelns und die Grundlagen der Zusammenarbeit zum Ausdruck bringen.

Situationsbezogene Fragen

a) Welche Leitprinzipien des Handelns wird er ihnen mitteilen?

b) Worauf wird er in der Folge achten müssen, damit die Mitarbeiter ihm vertrauen?

2.4 Übung zur Selbstreflexion

Nachstehend sind Beschreibungen von Verhaltensweisen aufgeführt, die eine Führungskraft zeigen kann. Lesen Sie diese aufmerksam durch und machen Sie ein Kreuz in der senkrechten Spalte, die das Verhalten, das Sie selbst an den Tag legen, am besten wiedergibt.

	sehr häufig	häufig	selten	sehr selten
1. Ich überwache meine Mitarbeiter genauestens, damit sie mehr leisten.				
2. Ich arbeite klare Ziele für meine Mitarbeiter aus und überzeuge sie von deren Vorteilen.				
3. Ich kontrolliere genau, um sicherzustellen, dass die Arbeit getan wird.				
4. Ich fordere meine Mitarbeiter auf, sich selbst Ziele zu setzen.				
5. Ich greife sofort ein, wenn es so aussieht, als ob meine Mitarbeiter von allein nicht weiterkämen.				
6. Ich setze meine Mitarbeiter, falls erforderlich, unter Druck, um den Arbeitsplan einzuhalten.				
7. Ich mache regelmäßig Besprechungen, um nicht die Führung zu verlieren.				
8. Ich erlaube meinen Mitarbeitern, wichtige Entscheidungen selbst zu treffen.				

Auswertung

Die Aussagen 1, 3, 5, 6 und 7 spiegeln die X-Theorie wider, die Aussagen 2, 4 und 8 die Y-Theorie. Bei welchen Aussagen haben Sie „sehr häufig“ und „häufig“, und bei welchen Aussagen haben Sie „selten“ oder „sehr selten“ angekreuzt?

3. Mitarbeiter verstehen – die psychologischen Typen

Erforderliche Kompetenzen

- Persönliche Präferenzen der Mitarbeiter bei der Führung erkennen und berücksichtigen.
- Individuelle Stärken und Schwächen der Mitarbeiter erkennen und berücksichtigen.
- Extravertierte bzw. introvertierte Mitarbeiter optimal einsetzen.
- Die Wahrnehmungs- und Entscheidungstendenzen sowie den bevorzugten Arbeitsstil der Mitarbeiter bei Führung und Zusammenarbeit berücksichtigen.

3.1 Situationsbezogene Aufgabe „Die introvertierte Mitarbeiterin"

(Bearbeitungszeit 40 Minuten)

Handlungssituation

Ein Augenoptikermeister – selber extravertiert – hat eine introvertierte Mitarbeiterin eingestellt. In dem Filialbetrieb arbeiten zwei Optikerinnen und zwei Optiker, die Kunden beraten, Sehstärken bestimmen, den Augenabstand und Zentrierpunkt messen, Gläser an Brillengestelle anpassen, Brillen reparieren, Waren präsentieren und Büroarbeiten erledigen.

Machen Sie zunächst Übung 3.6, bevor Sie die Aufgaben lösen.

Situationsbezogene Fragen

a) Was kennzeichnet das Verhalten der neuen Mitarbeiterin und bei welchen Aufgaben wird sie der Inhaber bevorzugt einsetzen können?

b) Wie wird er vorgehen, um sie weiterzuentwickeln?

3.2 Situationsbezogene Aufgabe „Die extravertierte Mitarbeiterin“
(Bearbeitungszeit 40 Minuten)

Handlungssituation

In einem Filialbetrieb stößt das zu extravertierte Verhalten einer Friseurin bei Kunden auf Ablehnung. Die Friseurmeisterin möchte bei ihr eine Verhaltensänderung anstoßen und führt mit ihr deshalb ein Mitarbeitergespräch.

Situationsbezogene Fragen

a) Wie sollte die Friseurmeisterin vorgehen? Auf welche Verhaltensweisen der Mitarbeiterin wird sie eingehen?

b) Wie wird die Friseurmeisterin vorgehen, um die Mitarbeiterin weiterzuentwickeln?

3.3 Situationsbezogene Aufgabe „Der Mitarbeiter mit der Wahrnehmungspräferenz ‚Intuition‘ “
(Bearbeitungszeit 40 Minuten)

Handlungssituation

Ein Servicemechaniker geht bei der Fehleranalyse sehr intuitiv vor. Oft löst er mit dieser Methode sehr schnell Probleme. Bisweilen scheitert er damit. Teamleiter Tobias Knorr möchte sein Verhalten dahingehend ändern, dass er die Fehleranalyse auch systematisch durchführt.

Situationsbezogene Fragen

a) Wie sollte der Teamleiter vorgehen, auf welche Verhaltensweisen des Mitarbeiters wird er eingehen?

b) Wie wird der Teamleiter vorgehen, um den Mitarbeiter weiterzuentwickeln?

Handlungssituation

3.4 Situationsbezogene Aufgabe „Der Mitarbeiter mit dem Entscheidungsstil ‚Denken‘ “
(Bearbeitungszeit 40 Minuten)

Teamleiter Braun im Autohaus Zeisig hat ein Team von fünf Kundendienstberatern. Einer seiner Mitarbeiter scheidet altershalber aus, sodass er einem langjährigen Mechaniker - David Kramer - die Chance gibt, sich in die Kundenbetreuung einzuarbeiten.

David Kramer ist sachlich, analysiert alle Informationen, bevor er urteilt, kann gut Kosten und Nutzen abwägen und sagt auch unangenehme Wahrheiten. Kurzum: Er hat den Entscheidungsstil „Denken“.

Nun macht Teamleiter Braun die Erfahrung, dass Kramer fachlich sehr gut ist. Allerdings bemängeln die Kunden, dass es ihm im Umgang mit Menschen an Einfühlungsvermögen und kommunikativer Kompetenz fehle.

Situationsbezogene Fragen

a) Wie sollte der Teamleiter vorgehen, auf welche Verhaltensweisen des Mitarbeiters wird er eingehen?

b) Wie wird der Teamleiter vorgehen, um den Mitarbeiter weiterzuentwickeln?

3.5 Situationsbezogene Aufgabe „Der Mitarbeiter mit dem Arbeitsstil ‚Wahrnehmen'"

(Bearbeitungszeit 40 Minuten)

Handlungssituation

In einem gefahrengeneigten Betrieb müssen Behälter mit gefährlichen Lösungsmitteln gekennzeichnet und mit einem Warnzeichen versehen werden. Meister Conrad Ludwig achtet genau darauf, dass die Vorschrift eingehalten wird, da er aus Erfahrung weiß, welche Folgen mangelnde Kennzeichnung haben kann.

Einer seiner Mitarbeiter ist Sven Lutz, der für Neues offen und in unerwarteten Situationen flexibel ist. Allerdings nimmt er es mit der Ordnung nicht ganz so genau.

Beim Betriebsrundgang beobachtet er, wie der Mitarbeiter Sven Lutz die Kennzeichnung unterlässt. Er beobachtet dies zum ersten Mal; von anderen Mitarbeitern wird stets die Vorschrift eingehalten. Er bittet Sven Lutz, zu ihm ins Büro zu kommen.

Situationsbezogene Fragen

a) Wie sollte der Meister im Gespräch vorgehen, auf welche Verhaltensweisen des Mitarbeiters wird er eingehen?

b) Wie wird Conrad Ludwig vorgehen, um den Mitarbeiter weiterzuentwickeln?

3.6 Übung zur Selbstreflexion

Um einen Einblick in die eigene Person zu bekommen (Selbsterkenntnis), dient die nachfolgende Übung als gutes Mittel.

1. In Gruppen

(a) sprechen Sie gern mit vielen, auch fremden Personen?

(b) sprechen Sie gern mit wenigen, bekannten Personen?

2. Bevorzugen Sie eher

(a) praktische Menschen?

(b) fantasievolle Menschen?

3. Interessiert Sie eher,

(a) was ist?

(b) was sein könnte?

4. Wenn Sie andere beurteilen, lassen Sie sich mehr

(a) durch Prinzipien und weniger durch Umstände leiten?

(b) durch Umstände und weniger durch Prinzipien leiten?

5. Wenn Sie mit anderen in Kontakt treten, neigen Sie eher dazu,

(a) sachlich zu sein?

(b) persönlich zu sein?

6. Sind Sie eher

(a) pünktlich?

(b) unpünktlich?

7. Haben Sie lieber Vorgänge

(a) abgeschlossen?

(b) nicht abgeschlossen?

8. Sind Sie in Gruppen immer

(a) auf dem Laufenden?

(b) nicht auf dem Laufenden?

9. Bei Routineangelegenheiten

(a) machen Sie es wie die anderen?

(b) gehen Sie Ihren eigenen Weg?

10. Man sollte

(a) sagen, was man meint, und meinen, was man sagt.

(b) Dinge indirekt ausdrücken.

11. Was spricht Sie mehr an?

(a) folgerichtiges Denken

(b) harmonische mitmenschliche Beziehungen

12. Was bevorzugen Sie mehr?

(a) logisch zu urteilen

(b) Gefühlsurteile

13. Möchten Sie lieber, dass etwas

(a) geklärt und entschieden ist?

(b) ungeklärt und offen ist?

14. Neigen Sie dazu,

(a) systematisch eine Wahl zu treffen?

(b) impulsiv eine Wahl zu treffen?

15. Neue Kontakte mit anderen

(a) regen Sie an.

(b) sind stressig für Sie.

16. Sind Sie häufiger

(a) praktisch?

(b) ideenreich?

17. Neigen Sie eher dazu

(a) andere zu sehen, wie sie im Augenblick sind?

(b) andere zu sehen, wie sie später sein könnten?

18. Was ist für Sie eher befriedigend?

(a) eine Sache auszudiskutieren.

(b) mit anderen eine Übereinstimmung zu erzielen.

19. Von was lassen Sie sich mehr leiten?

(a) vom Verstand

(b) vom Mitgefühl

20. Bei welcher Art von Arbeit fühlen Sie sich wohler?

(a) bei regelmäßiger Arbeit

(b) bei unregelmäßiger Arbeit

21. Was ist Ihnen lieber?

(a) das Vorhersagbare

(b) das Unvorhergesehene

22. Haben Sie lieber

(a) viele Freunde, nicht so tiefe Beziehungen?

(b) einige wenige Freunde, dafür tiefere Beziehungen?

23. Was leitet Sie mehr in Ihrem Handeln?

(a) Tatsachen

(b) Grundsätze

24. Sind Sie mehr interessiert an der

(a) Durchführung einer Sache?

(b) Planung einer Sache?

25. Was ist eher ein Kompliment für Sie?

(a) vernünftig zu sein

(b) einfühlsam zu sein

26. Wenn jemandem ein Missgeschick widerfährt, was machen Sie zuerst?

(a) nach Ursachen suchen

(b) Trost spenden

27. Was ziehen Sie vor?

(a) einen endgültigen Standpunkt zu haben

(b) einen vorläufigen Standpunkt zu haben

28. Fühlen Sie sich wohler

(a) nach einer Entscheidung?

(b) vor einer Entscheidung?

29. Wenn Sie Kontakt mit fremden Menschen aufnehmen, fällt Ihnen das

(a) leicht?

(b) schwer?

30. Vertrauen Sie eher auf

(a) Erfahrungen?

(b) Ahnungen?

31. Sind Sie eher

(a) praktisch als einfallsreich?

(b) einfallsreich als praktisch?

32. Wer ist mehr angesehen?

(a) jemand, der klar denkt

(b) jemand, der starke Gefühle hat

33. Neigen Sie eher dazu,

(a) alle Menschen gleich zu behandeln?

(b) anteilnehmend zu sein und im Zweifelsfall den Gleichheitsgrundsatz hintanzustellen?

34. Ist es vorteilhaft,

(a) alles weitgehend vorher zu arrangieren?

(c) alles auf sich zukommen zu lassen?

35. Beziehungen sollten

(a) geregelt sein

(b) spontan/offen sein

36. Wenn das Telefon läutet,

(a) gehen Sie hin, um als Erster abzunehmen?

(b) hoffen Sie, dass jemand anderes abnimmt?

37. Was schätzen Sie an sich mehr?

(a) Ihren Realitätssinn

(b) Ihre Kreativität

38. Fakten

(a) sprechen für sich

(b) illustrieren Prinzipien

39. Was ist nach Ihrer Meinung der größere Fehler?

(a) sich zu stark zu engagieren

(b) zu objektiv/distanziert zu sein

40. Sehen Sie sich in erster Linie

(a) als nüchtern/rational?

(b) als weichherzig?

41. Was spricht Sie mehr an?

(a) das Geplante

(b) das Ungeplante

42. Sind Sie eher jemand

(a) mit festen Gewohnheiten?

(b) ohne feste Gewohnheiten?

43. Neigen Sie dazu, eine Sache

(a) rasch anzugehen?

(b) erst nach einer bestimmten Zeit anzugehen?

44. Was bevorzugen Sie beim Lesen mehr?

(a) Tatsachenbeschreibungen

(b) fantasievolle Beschreibungen

45. Welche Menschen ziehen Sie mehr an?

(a) praktische Menschen?

(b) einfallsreiche Menschen?

46. Was bevorzugen Sie?

(a) klar denken können

(b) Mitgefühl zeigen können

47. Was ist ungünstiger?

(a) kritiklos zu sein

(b) zu kritisch zu sein

48. Was ist Ihnen lieber?

(a) nicht überrascht zu werden

(b) überrascht zu werden

49. Sind Sie eher

(a) überlegt als spontan?

(b) spontan als überlegt?

Antwortbogen

Kreuzen Sie bitte die zutreffende Antwort auf dem Antwortbogen an!

	1	8	15	22	29	36	43	Summe	
a)									Extraversion
b)									Introversion

	2	3	9	10	16	17	23	24	30	31	37	38	44	45	Summe	
a)																Sinneswahrneh-mung
b)																Intuition

	4	5	11	12	18	19	25	26	32	33	39	40	46	47	Summe	
a)																Denken
b)																Fühlen

	6	7	13	14	20	21	27	28	34	35	41	42	48	49	Summe	
a)																Urteilen
b)																Wahrnehmen

Auswertung

Stellen Sie Ihre Punktzahl pro Zeile fest (s. „Summe“ im Antwortbogen). Jetzt haben Sie vier Zahlenpaare. Die höhere Zahl eines Paars gibt einen Hinweis auf Ihre derzeitige bevorzugte Grundhaltung oder Grundfunktion. Sollten die Zahlen eines Paars gleich sein, ist derzeitig keine Bevorzugung erkennbar.

4. Selbstreflexion - emotional kompetenter werden

Erforderliche Kompetenzen

- Das eigene Selbstmanagement verbessern.
- Das eigene Zeitmanagement verbessern.
- Die Selbstwahrnehmung schärfen.
- Stress bewältigen.

4.1 Situationsbezogene Aufgabe „Den blinden Fleck am Arbeitsplatz verringern"

(Bearbeitungszeit 40 Minuten)

Handlungssituation

Gudrun Schreiber leitet einen gut eingeführten Raumausstattungsbetrieb in einer süddeutschen Großstadt. Einige ihrer Kunden sind namhafte Firmen. Sie hat fünf Mitarbeiterinnen. Unter ihnen ist Ines Müller - die Spezialistin für Licht und Dekoration.

In einem Neubau eines Kunden wird ein Großraumbüro eingerichtet. In einem ersten Gespräch hat Gudrun Schreiber Umfang und Art des Auftrags abgesteckt. Ines Müller hat die baulichen Gegebenheiten geprüft, erste Lichtmessungen durchgeführt und Vorschläge für Licht-, Sicht- und Sonnenschutz gemacht. Dabei kommt es zu einer heftigen Auseinandersetzung mit der Chefin. In den nächsten Tagen hat Gudrun Schreiber den Eindruck, dass Ines Müller sie meidet und eine Fassade aufbaut.

Situationsbezogene Fragen

a) Wie sollte die Vorgesetzte auf das Meidungsverhalten der Mitarbeiterin reagieren?

b) Sollte die Vorgesetzte die Auseinandersetzung direkt ansprechen?

4.2 Situationsbezogene Aufgabe „Kundenbetreuung - wo bleibt die Zeit?"

(Bearbeitungszeit 30 Minuten)

Handlungssituation

Sie arbeiten als Kundenbetreuer in einem Onlineshop für günstige Originalautoersatzteile, dem eine Meisterwerkstatt angeschlossen ist. Die Kfz-Teile sind preiswert und werden täglich per Express versandt. Auf Wunsch werden die Originalersatzteile direkt in Ihrem Betrieb eingebaut. Die Bestellungen können telefonisch Montag bis Freitag von 9 bis 13 Uhr und von 14 bis 19 Uhr aufgegeben werden. Im Moment wächst Ihnen die

Arbeit über den Kopf, und Sie sehen sich gezwungen, Ihr Zeitmanagement zu verbessern.

Ihre Aufgaben sind die kompetente, serviceorientierte Kundenberatung für Kfz-Teile, der Verkauf per Telefon, online und im Betrieb, die Angebots- und Auftragsabwicklung sowie die Bearbeitung von Reklamationen und Retouren.

Ordnen Sie die folgenden Tätigkeiten den Quadranten der Notwendigkeit, der Qualität, der Geschäftigkeit und der Verschwendung zu. Berücksichtigen Sie dabei, dass Sie in den Sprechzeiten telefonisch erreichbar sein müssen.

Tätigkeiten

- Kunden beraten in auftragsbezogenen Fragen - telefonisch und schriftlich.
- Sich in das neue EDV-System, das in drei Monaten eingeführt wird, einarbeiten.
- Auftragsbestandsliste bearbeiten.
- Stornierungen entgegennehmen und Lager benachrichtigen.
- Eine elektronische kundenbezogene Ablage mit offenen Vorgängen führen.
- Rabattaktionen in Abstimmung mit dem Handwerksunternehmer planen.
- Pflegen von Kunden-Angebotsdaten (z. B. Kundenstamm, Kataloge, Preislisten).
- Aktive Kundenbetreuung: Termine verfolgen, zeitkritische Auftragspositionen überwachen.
- Den Kunden telefonisch und schriftlich Preise, Liefertermine und Aktionen mitteilen.
- Auslieferungen mit Versand abstimmen.
- Im Internet surfen.

4.3 Situationsbezogene Aufgabe „Vorurteilsfreie Fehleranalyse“

(Bearbeitungszeit 40 Minuten)

Handlungssituation

Ein Heizungsinstallateur hat bei der Montage von zwei neuen Heizkörpern den Vorlauf mit dem Rücklauf vertauscht. Alle anderen Heizkörper wurden korrekt angeschlossen. Als der Kunde den Meister daraufhin anspricht, beharrt der Meister darauf, dass die Heizkörper falsch geliefert wurden.

Im Büro schaut er später nochmals die Bestellung durch und stellt fest, dass er selbst ungenaue Angaben bei der Bestellung gemacht hat. Der Fehler liegt also bei ihm.

Situationsbezogene Fragen

a) Welche Schlussfolgerungen sollte der Meister aus diesem Vorfall ziehen?

b) Welche Vorteile hat eine vorurteilsfreie Fehleranalyse?

4.4 Situationsbezogene Aufgabe „Stress abbauen“

(Bearbeitungszeit 30 Minuten)

Handlungssituation

Ein Betrieb montiert im Umkreis von 50 km einer großen Stadt Fenster und Türen. Er hat sich auf den Altbaubereich spezialisiert. Aufgrund der kritischen Verkehrssituation in der Stadt kommt es immer wieder zu Verzögerungen bei den Fenster- und Rollladenmontagen. Eines Ihrer Montageteams berichtet in letzter Zeit zunehmend von Stress. Sie stellen fest, dass der Teamleiter besonders hektisch und nervös ist. Sie möchten den Stress bei ihm und der Gruppe vermindern.

Machen Sie zunächst Übung 4.5, bevor Sie die Aufgabe lösen.

Situationsbezogene Frage

Wie können Sie dazu beitragen, dass der Stress vermindert wird?

4.5 Übung zur Selbstreflexion

Wie häufig leiden Sie unter berufsbedingtem Stress? Verwenden Sie dazu folgende Skala.

1 = sehr selten | 2 = selten | 3 = mittel | 4 = häufig | 5 = sehr häufig

Ich arbeite unter einem ziemlich starken Druck.	1	2	3	4	5
Ich bin aufgrund meiner Tätigkeit nervös.	1	2	3	4	5
Hätte ich eine andere Tätigkeit, würde sich mein Gesundheitszustand wahrscheinlich verbessern.	1	2	3	4	5
Probleme im Zusammenhang mit meiner Tätigkeit lassen mich nachts nicht schlafen.	1	2	3	4	5
Ich bin vor Besprechungen in meiner Firma nervös.	1	2	3	4	5
Ich nehme oft die Arbeit mit mir nach Hause in dem Sinne, dass ich an sie denke, wenn ich etwas anderes tue.	1	2	3	4	5

Kommen die Verhaltensweisen häufig oder sehr häufig vor? Wenn ja, sollten Sie den Stress reduzieren.

5. Führen

Erforderliche Kompetenzen

- Bei Personalauswahl und -einsatz wichtige Führungseigenschaften berücksichtigen.
- Engagiert führen können.
- Den geeigneten Führungsstil finden können.
- Situativ führen können.
- Die Leistungsbereitschaft und Selbstständigkeit der Mitarbeiter beim Führen berücksichtigen.

5.1 Situationsbezogene Aufgabe „Der neue Filialleiter“

(Bearbeitungszeit 60 Minuten)

Handlungssituation

In der Filiale einer Landmetzgerei ist der Posten eines Filialleiters vakant geworden. Die Filiale befindet sich 30 Kilometer von der Zentrale entfernt. Die Geschäftsführerin möchte die Stelle mit einem Mitarbeiter aus dem Hause besetzen. Dabei hat sie die beiden Fleischereimeister Paul Simon und Oliver Adam im Auge, die beide fachlich sehr gut qualifiziert sind.

Bei den Persönlichkeitseigenschaften hat die Geschäftsführerin Unterschiede festgestellt. Simon ist kontaktfreudig und geht auf die Kunden und Kollegen zu, geht die Aufgaben meistens planvoll an und reagiert sehr flexibel auf die täglichen Anforderungen.

Oliver Adam ist eher ruhig und zurückhaltend, teilt die Aufgaben genau ein und erledigt die Aufgaben sehr zuverlässig.

Sie entscheidet sich bei der Personalauswahl für Oliver Adam.

Situationsbezogene Fragen

a) Auf welche Führungseigenschaften sollte die Geschäftsführerin achten?

b) Wie beurteilen Sie die Entscheidung für Oliver Adam? Was wird den Ausschlag dafür gegeben haben, dass sich die Geschäftsführerin für Oliver Adam entschieden hat?

5.2 Situationsbezogene Aufgabe „Transformationale Führung"
(Bearbeitungszeit 45 Minuten)

Handlungssituation

Konrad Schuhmacher betreibt vier Bäckereien im Umkreis einer norddeutschen Großstadt mit insgesamt 32 Mitarbeiterinnen in Voll- und Teilzeit sowie als Aushilfen.

Er hat den elterlichen Betrieb letztes Jahr übernommen. Bei der Neuausrichtung des Betriebs setzt er auf zwei Schwerpunkte.

Neben dem persönlichen Kontakt zum Kunden setzt er auf die neue Unternehmensphilosophie seines alteingesessenen Bäckereibetriebs. Sein Ziel ist es, die Kunden stets zufriedenzustellen und manchmal auch zu überraschen. Das möchte er mit der Qualität und dem Geschmack seiner Backwaren, aber auch mit der Freundlichkeit und Aufmerksamkeit seines Verkaufspersonals sowie der Abwechslung mit neuen Produkten erreichen.

Bei der Transformation seines Betriebs möchte er alle seine Mitarbeiterinnen „mitnehmen". In persönlichen Gesprächen mit ihnen hat er sich zum Ziel gesetzt, sie für die neue Konzeption zu gewinnen.

Füllen Sie zunächst den Fragebogen 5.8 aus, bevor Sie die Fragen beantworten.

Situationsbezogene Fragen

a) Welche Verhaltensweisen muss er als Vorgesetzter zeigen, damit die Neuausrichtung des Betriebs gelingt?

b) Worauf muss er großen Wert legen, damit er sein Ziel erreicht?

5.3 Situationsbezogene Aufgabe „Führungsstile bestimmen"
(Bearbeitungszeit 30 Minuten)

Handlungssituation

Mitarbeiter schildern das Führungsverhalten von ihrem Meister Andreas Maier so: Der Meister legt im Führungsalltag großen Wert auf sachgerechte Entscheidungen, die seine Mitarbeiter auch akzeptieren. Kommt es zu unterschiedlichen Auffassungen, werden diese ausdiskutiert, ohne dass es dabei Verlierer gibt. Er fordert seine Mitarbeiter auf, sich zu äußern, und prüft, ob das Gesagte stichhaltig ist. Er engagiert sich, und seine Mitarbeiter machen begeistert mit. Bei Konflikten macht er eine Ursachenanalyse und löst sie konstruktiv.

Situationsbezogene Fragen

a) Um welchen Führungsstil im Verhaltensgitter handelt es sich?

b) Welche Wirkungen wird der Führungsstil haben?

5.4 Situationsbezogene Aufgabe „Der neue Führungsstil“

(Bearbeitungszeit 40 Minuten)

Handlungssituation

Sven Vogel hat einen Zimmereibetrieb, der sich auf die Fassadengestaltung mit Holzdämmplatten spezialisiert hat. Als eine von vielen Mitgliedsfirmen der Zimmerei-Innung erhielt seine Firma die Auszeichnung für Qualitätsarbeit. Darauf ist er besonders stolz.

Beim täglichen Arbeitseinsatz geht er vom Delegationsprinzip aus. Darunter versteht er, dass die Mitarbeiter eine getroffene Entscheidung unmittelbar umsetzen sollen. Er erklärt die Aufgabe und wie sie ausgeführt werden muss. Dabei geht er davon aus, dass seine Handwerker dies genau verstanden haben. Kommt ein Fehler vor, geht er direkt zu dem Mitarbeiter und kritisiert ihn, ohne dass er ihn zu Wort kommen lässt. Er erwartet, dass seine Mitarbeiter kommentarlos das ausführen, was er ihnen als Fachmann vorgegeben hat. Von konstruktiver Kritik hält er nicht viel. Sein Motto lautet „Mit Nettsein kommt man nicht weiter“.

In letzter Zeit gibt es vermehrt Schwierigkeiten mit neu eingestellten Mitarbeitern, die mit seinem Führungsstil unzufrieden sind. Eine Folge davon ist, dass sie schnell wieder kündigen.

Nun überlegt er, wie er seinen Führungsstil ändern kann. Dazu macht er zunächst eine vorurteilsfreie „Bestandsaufnahme“ seines Verhaltens, um in einem zweiten Schritt seinen „Wunschführungsstil“ zu bestimmen.

Situationsbezogene Fragen

a) **Wo würden Sie den jetzigen Führungsstil von Sven Vogel im Verhaltensgitter lokalisieren? Begründen Sie Ihre Einschätzung.**

b) **Welchen Führungsstil sollte er nach dem Verhaltensgitter anstreben? Beschreiben Sie konkrete Verhaltensweisen.**

5.5 Situationsbezogene Aufgabe „Situativ führen I: Der gut eingearbeitete Mitarbeiter“

(Bearbeitungszeit 30 Minuten)

Handlungssituation

Malermeisterin Sabine Koch führt ihre Firma unter dem Motto „Ein Pinselstrich lässt alles unter neuem Glanz erscheinen“. Zum Leistungsspektrum ihrer Firma mit vier Mitarbeitern gehören neben Tapezierarbeiten, Wärmedämmungen, Fassadenarbeiten, Fußbodenarbeiten auch Deckenabhängungen mit integrierten Beleuchtungsmöglichkeiten. Dazu braucht sie versierte Mitarbeiter.

Der neue Mitarbeiter Daniel Mack hat sich unter ihrer Anleitung nach einiger Zeit gut bei den klassischen Malerarbeiten eingearbeitet. Jetzt möchte sie ihm nach und nach mehr Verantwortung übertragen, und sie denkt daran, ihm auch Deckenabhängungen mit integrierten Beleuchtungsmöglichkeiten zu übertragen.

Situationsbezogene Fragen

a) Wie wird die Malermeisterin den Bereitschaftsgrad des Mitarbeiters einschätzen?

b) Welchen Führungsstil sollte die Malermeisterin wählen? Begründen Sie Ihre Einschätzung.

Beantworten Sie die Fragen anhand des situativen Führungsmodells.

5.6 Situationsbezogene Aufgabe „Situativ führen II: Die neue Sonnenschutzanlage“

(Bearbeitungszeit 30 Minuten)

Handlungssituation

Meister Wild beschäftigt vier Elektroniker für Energie- und Gebäudetechnik. Darunter ist Carlo Schlau.

Carlo Schlau ist seit Jahren im Betrieb und hat immer wieder unter Beweis gestellt, dass er auch schwierige Aufgaben mit großem Einsatz lösen kann. Er arbeitet selbstständig und verantwortungsvoll. Meister Wild hat großes Vertrauen in seine Fähigkeiten und seine Motivation.

Nun will er ihm die Installation einer steuerungs- und regelungstechnisch anspruchsvollen Sonnenschutzanlage übertragen.

Situationsbezogene Fragen

a) Wie schätzen Sie den Bereitschaftsgrad von Carlo Schlau ein?

b) Welchen Führungsstil sollte Meister Wild wählen?

Beantworten Sie die Fragen anhand des situativen Führungsmodells.

5.7 Situationsbezogene Aufgabe „Situativ führen III: Das neue Softwareprogramm“

(Bearbeitungszeit 30 Minuten)

Handlungssituation

Sie haben in Ihrem Installationsbetrieb einen Heizungsmonteur, der in der Vergangenheit durch sein technisches Können aufgefallen ist. Auch seine Einsatzfreude ist Ihnen bekannt. In letzter Zeit - seit der Einführung eines neuen Softwareprogramms zur Fehlerbehebung bei Thermen - scheint er verunsichert und möchte das neue Programm nicht anwenden. Bei früheren Änderungen des Softwareprogramms hat er sich ähnlich verhalten.

Situationsbezogene Fragen

a) Wie schätzen Sie den Bereitschaftsgrad des Mitarbeiters ein?

b) Welcher Führungsstil ist angebracht?

Beantworten Sie die Fragen anhand des situativen Führungsmodells.

5.8 Übung zur Selbstreflexion

Handlungssituation

Stufen Sie anhand des folgenden Fragebogens Ihr Führungsverhalten ein. Zeigen Sie die aufgeführten Verhaltensweisen häufig oder sehr häufig? Wenn ja, liegt der transformationale Führungsstil vor.

	sehr selten	selten	häufig	sehr häufig
Wenn es um das Wohl des Betriebs und der Mitarbeiter geht, stelle ich meine persönlichen Interessen zurück.				
Ich handele in einer Art und Weise, die bei anderen Achtung erzeugt.				
Ich strahle Stärke und Vertrauen aus.				
Ich spreche voller Begeisterung über das, was wir erreichen wollen.				
Ich vermittle Zuversicht, dass wir die gesteckten Ziele erreichen werden.				
Ich äußere mich optimistisch über die Zukunft.				
Ich schlage neue Wege vor, wie die Aufgaben erledigt werden können.				
Ich überprüfe immer wieder, ob wichtige Annahmen, die den Aufgaben zugrunde liegen, noch gültig sind.				
Ich bringe meine Mitarbeiter dazu, Soll-Ist-Abweichungen aus verschiedenen Perspektiven zu betrachten.				
Ich nehme mir Zeit, den Mitarbeitern etwas beizubringen.				
Ich kenne die individuellen Bedürfnisse, Fähigkeiten und Fertigkeiten meiner Mitarbeiter.				
Ich helfe meinen Mitarbeitern, ihre Stärken aus- und ihre Schwächen abzubauen.				

6. Management – Managementaufgaben bewältigen

Erforderliche Kompetenzen

- Ziele setzen können.
- Aufgaben planen können.
- Delegieren können.
- Angemessen kontrollieren können.
- Feedback geben können.
- Konstruktiv kritisieren können.

6.1 Situationsbezogene Aufgabe „Smarte Ziele I"

(Bearbeitungszeit 40 Minuten)

Handlungssituation

Betriebsleiter Walter hat eine Mitarbeiterbesprechung anberaumt, in der es um die Verringerung der Lagerkosten geht. Bei einem Betriebsrundgang stellte er fest, dass die aktuellen Bestände wertvolles Kapital binden und mit großer Wahrscheinlichkeit nicht bedarfsgerecht sind.

Daher gibt er in der Besprechung das Ziel aus: „Wir müssen die Lagerkosten reduzieren!"

Machen Sie zunächst Übung 6.11, bevor Sie die Aufgaben lösen.

Situationsbezogene Fragen

a) Hat dieses „Ziel" eine positive Wirkung auf das Leistungsverhalten der Mitarbeiter? Welchen Anforderungen müssen Ziele entsprechen?

b) Wie müsste das Ziel formuliert sein?

6.2 Situationsbezogene Aufgabe „Smarte Ziele II"
(Bearbeitungszeit 15 Minuten)

Handlungssituation

Unternehmer Müller ist mit dem Betriebsklima in seinem Türen- und Fensterbaubetrieb unzufrieden. Er gibt seinem Betriebsleiter folgendes Ziel vor: „Wir müssen unser Betriebsklima verbessern."

Situationsbezogene Aufgabe

Formulieren Sie das „Ziel" zu einem smarten Ziel um.

6.3 Situationsbezogene Aufgabe „Smarte Ziele III"
(Bearbeitungszeit 15 Minuten)

Handlungssituation

In einem metallverarbeitenden Betrieb hat der Betriebsleiter festgestellt, dass die Zahl der Kundenreklamationen zu hoch ist und eine steigende Tendenz aufweist. Die Reklamationsquote liegt derzeit bei 19 %, im letzten Jahr lag sie bei 10 %. Er führt dies auf die mangelnde Ausgangskontrolle zurück. Seine Mitarbeiter teilen diese Ansicht.

Er gibt seinen Mitarbeitern folgendes Ziel vor: „Die Kundenreklamationen müssen um 10 % sinken."

Situationsbezogene Aufgabe

Formulieren Sie das „Ziel" zu einem smarten Ziel um.

6.4 Situationsbezogene Aufgabe „Schwachstellen im Vorhinein erkennen"
(Bearbeitungszeit 30 Minuten)

Handlungssituation

Der Inhaber eines Stuckateurbetriebs mit 70 Mitarbeitern beginnt jeden Arbeitstag mit einer Besprechung. Um 6.45 Uhr trifft er sich mit den Meistern, um die Tagespläne festzulegen. „Da erfahre ich alles Wichtige über die einzelnen Baustellen und muss nicht selber hinfahren." Für ihn ist die Aufgabenplanung wichtig, um mögliche Schwachstellen rechtzeitig zu erkennen und zu beseitigen. Insbesondere hängt die Kapazität seines Betriebs vom Krankenstand und vom Schlechtwetter ab.

Situationsbezogene Frage

Auf welche Aspekte der Aufgabenplanung seiner Meister sollte er besonders achtgeben?

6.5 Situationsbezogene Aufgabe „Welche Aufgaben können delegiert werden?“

(Bearbeitungszeit 40 Minuten)

Handlungssituation

Der Inhaber einer Autoreparaturwerkstatt mit 15 Mitarbeitern arbeitet auch am Wochenende und muss sich abmühen, Termine einzuhalten. Bisweilen fragt er sich, ob er nicht auch Routineaufgaben delegieren kann, und meint, dass er Schwierigkeiten hat, sich Zeit für wirklich wichtige Aufgaben zu nehmen.

Rundum: Er ist mit seinem Zeitmanagement unzufrieden. Er möchte sich entlasten. Aus dem Zeitmanagement kennt er die Unterscheidung in A-, B- und C-Aufgaben. Nun überlegt er, welche Aufgaben er delegieren kann.

Hier ist seine Liste der Aufgaben, die er delegieren möchte:

- Inspektionen
- Auszeichnen von Ausstellungsfahrzeugen
- Problemfalldiagnose (Motorelektronik)
- Aktualisieren des Zubehörangebots
- Stücklisten erstellen
- Neue Firmenstrategie bestimmen
- Mitarbeitergespräche
- Firmenerweiterung
- Investitionen planen
- Fusion mit Nachbarbetrieb planen
- Kritikgespräche mit Mitarbeitern führen
- Aufbereitung der Gewinn- und Verlustrechnung

Situationsbezogene Fragen

a) Welche Aufgaben kann der Inhaber delegieren? Bitte stichwortartig erläutern!

b) Welche Aufgaben kann er nicht delegieren? Begründen Sie Ihre Einschätzung stichwortartig.

6.6 Situationsbezogene Aufgabe „Wie soll kontrolliert werden?“
(Bearbeitungszeit 30 Minuten)

Handlungssituation

Die Geschäftsführerin einer Landmetzgerei sieht in den Mitarbeiterinnen und Mitarbeitern einen der Hauptrisikofaktoren im Filialgeschäft. Deshalb kümmert sie sich persönlich um die Kontrollen der Filialen. Sie ist der Meinung, dass inkompetente und unfreundliche Mitarbeiterinnen und Mitarbeiter äußerst schädlich fürs Geschäft sind.

Keine Kontrollen durchzuführen kommt für sie nicht infrage. Die Kontrolle durch ständiges Beobachten, um Korrekturen vorzunehmen und Anleitungen zu geben, ist ihr nicht möglich.

Sie überlegt, ob sie nur bei gemeldeten Abweichungen bzw., wenn Probleme auftreten, kontrollieren soll, ob sie die Arbeitsergebnisse wöchentlich mit den Zielen und Plänen vergleichen soll oder ob sie Stichprobenkontrollen der Aufgabenerfüllung durchführen soll.

Machen Sie zunächst Übung 6.12, bevor Sie die Aufgabe lösen.

Situationsbezogene Frage

Wie sollte sie kontrollieren? Begründen Sie Ihre Einschätzung.

6.7 Situationsbezogene Aufgabe „Konstruktiv kritisieren“
(Bearbeitungszeit 60 Minuten)

Handlungssituation

Sascha Winter führt ein Autohaus, das überwiegend ältere Kundinnen und Kunden hat. Ein älterer Kunde lässt sich über neue Reifen beraten. Der Kunde entscheidet sich für einen neuen Satz Reifen und lobt die Sach- und Fachkenntnis des Betreuers.

Bei der Stichprobenkontrolle stellt er fest, dass derselbe Mitarbeiter nach dem Reifenwechsel dem älteren Kunden herablassend zeigt, wie man am Bordcomputer die Einstellung zurücksetzt.

Situationsbezogene Frage

a) **Wann und wie sollte Sascha Winter dem Mitarbeiter ein Feedback geben?**

b) **Wie sollte er vorgehen, damit der Mitarbeiter dem älteren Kunden das nächste Mal nicht mehr herablassend zeigt, wie man die Einstellung zurücksetzt?**

6.8 Situationsbezogene Aufgabe „Unerwünschtes Verhalten löschen“
(Bearbeitungszeit 30 Minuten)

Handlungssituation

Ein Ausbildungsmeister beobachtet, wie ein Auszubildender einen anderen Auszubildenden wegen dessen Nachnamen hänselt. Der Auszubildende „verunstaltet“ den Namen des anderen, und die anderen Auszubildenden lachen. Der Betroffene ist beschämt und wehrt sich körperlich.

Der Ausbildungsmeister möchte das Hänseln unterbinden, da es zu unnötigen Konflikten führt.

Situationsbezogene Frage

Wie kann er vorgehen, um die Verhaltensweise zu löschen?

6.9 Situationsbezogene Aufgabe „Anerkennen“
(Bearbeitungszeit 30 Minuten)

Handlungssituation

Der Meister einer Kfz-Werkstätte hat aus einer Schulung folgende Äußerung mitgenommen: „Als Meister müssen Sie mindestens einmal am Tag Ihre Mitarbeiter loben, sonst sind diese nicht motiviert, und Sie erfüllen nicht Ihre Führungsaufgaben.“

Machen Sie zunächst Übung 6.10, bevor Sie die Aufgabe lösen.

Situationsbezogene Aufgabe

Nehmen Sie zu dieser Aussage Stellung!

6.10 Übung zur Selbstreflexion

Erstellen Sie ein Anerkennungsprofil von sich selbst, indem Sie folgende Fragen beantworten:

	gering	eher gering	eher hoch	hoch
Mein Bedürfnis nach Anerkennung ist				

	selten	eher selten	eher häufig	häufig
Ich erhalte Anerkennung				
Ich akzeptiere Anerkennung				
Ich gebe Anerkennung				
Ich vergesse, Anerkennung zu geben				
Ich gebe absichtlich keine Anerkennung				
Ich vergesse erhaltene Anerkennung				

Wie vermitteln Sie Ihre Anerkennung (durch Gesten und/oder Worte)?

Mit welchen Worten bringen Sie ihre Anerkennung zum Ausdruck, wenn Sie jemanden am Arbeitsplatz anerkennen?

6.11 Übung zur Selbstreflexion

Ziele: Welche Aussagen treffen auf Sie zu?

	Ja	Nein
Ich weiß genau, was man von mir erwartet.		
Ich habe genaue, klare Arbeitsziele.		
Die Arbeitsziele, die ich habe, fordern mich.		
Ich weiß, wie meine Leistung gemessen wird.		
Ich habe exakte Termine, um die Ziele zu erreichen.		
Habe ich mehr als ein Ziel, weiß ich genau, welches Ziel wichtiger ist.		
Meine Ziele erfordern meinen ganzen Einsatz.		
Mein Vorgesetzter sagt mir die Gründe, wieso er gerade mir die und keine andere Zielsetzung gibt.		
Mein Vorgesetzter ermutigt mich, die Ziele zu erreichen.		
Mein Vorgesetzter trifft zusammen mit mir die Zielsetzung.		
Mein Vorgesetzter plant zusammen mit mir die Umsetzung der Ziele.		
Wenn ich die Ziele erreiche, weiß ich, dass mein Vorgesetzter zufrieden ist.		
Ich bekomme Anerkennung, wenn ich die Ziele erreiche.		
Sich für Ziele anzustrengen macht mehr Spaß beim Arbeiten als ohne.		
Ich bin stolz, wenn ich die Ziele erreiche.		
Andere ermutigen mich, die Ziele zu erreichen.		
Manchmal konkurriere ich mit anderen, um zu sehen, wer besser bei der Zielerreichung ist.		
Erreiche ich meine Ziele, wird mein Arbeitsplatz sicherer.		
Erreiche ich meine Ziele, steigt die Chance, dass sich mein Entgelt erhöht.		
Erreiche ich meine Ziele, steigen meine Chancen, dass ich befördert werde.		

6.12 Übung zur Selbstreflexion

Wie kontrollieren Sie Ihre Mitarbeiter A, B, C, D und E?

	A	B	C	D	E
Ich kontrolliere meine Mitarbeiter durch ständiges Beobachten und gebe dabei Korrekturen und Anleitungen.					
Ich führe Stichprobenkontrollen durch.					
Ich kontrolliere nur bei gemeldeten Abweichungen bzw., wenn Probleme auftreten.					
Ich vergleiche die Arbeitsergebnisse am Periodenende mit den vorgesehenen Zielen und Plänen.					

Welche Art der Kontrolle überwiegt?

7. Konflikte im Unternehmen bewältigen

Erforderliche Kompetenzen

- Funktionale von dysfunktionalen Konflikten unterscheiden.
- Konflikteskalation und Mobbing vermeiden.
- Konflikte kooperativ regeln.
- Die Konfliktmanagementtechniken adäquat einsetzen.
- Den eigenen Konfliktlösungsstil erkennen und ändern.

7.1 Situationsbezogene Aufgabe „Dysfunktionale Konflikte"

(Bearbeitungszeit 30 Minuten)

Handlungssituation

Auf einer Baustelle gibt es eine Auseinandersetzung zwischen den Mitarbeitern zweier Gewerke. Meister Anton: „Jetzt reicht es mir. Deine Leute sind nicht in der Lage, die einfachsten Termine einzuhalten. Sieh zu, dass du deine Leute in den Griff bekommst. Deine Gipser sind Leute, die nichts tun und den Griffel aus der Hand legen, wo es geht."

Meister Berger: „Das ist eine Unterstellung, die musst du zurücknehmen ..."

Meister Anton: „Das ist keine Unterstellung, und ich nehme nichts zurück. Das ist eine Tatsache. Deine Leute haben schon wieder den Termin nicht eingehalten, und ich bin der Dumme. Ich muss immer wieder neu planen und kann bei den anderen Kunden den Termin nicht einhalten".

Meister Berger: „Mit dir kann man nicht reden. Weißt du, warum ..."

Meister Anton: „Deine Ausreden wiederholen sich. Lass endlich deinen Worten Taten folgen. Mir reicht es."

Meister Anton verlässt schnurstracks die Baustelle.

Situationsbezogene Aufgabe

Beschreiben Sie die Folgen dieses dysfunktionalen Konflikts.

7.2 Situationsbezogene Aufgabe „Der Brückentag“
(Bearbeitungszeit 45 Minuten)

Handlungssituation

Meister Bauer hat zehn Elektriker. Zurzeit ist seine Abteilung unterbesetzt. Da beantragen zwei seiner Mitarbeiter einen Brückentag für kommenden Freitag, um ein langes Wochenende zu nutzen. Sie beantragen beide für diesen einen Brückentag Urlaub. Meister Bauer kann aus betrieblichen Gründen nur einem der Mitarbeiter den Brückentag gewähren.

Machen Sie zunächst Übung 7.4, bevor Sie die Aufgabe lösen.

Situationsbezogene Fragen

a) Wie würde er vorgehen, wenn er den Konflikt autoritär lösen würde? Etwa wie beim „Laissez-faire-Stil“?

b) Wie sollte der Meister vorgehen? Schildern Sie die kooperative Konfliktregelung in diesem Fall.

7.3 Übung zur Selbstreflexion

Welchen Konfliktlösungsstil bevorzugen Sie? Nehmen Sie sich zwanzig Minuten Zeit und beantworten Sie die folgenden Fragen.

Wie häufig zeigen Sie folgendes Verhalten?

1 = sehr selten | 2 = selten | 3 = mittel | 4 = häufig | 5 = sehr häufig

1. Ich spreche mit anderen, um ihnen meinen Standpunkt klarzumachen	1	2	3	4	5
2. Ich verhandle mit anderen, sodass ein Kompromiss erreicht werden kann.	1	2	3	4	5
3. Ich versuche bei Konflikten, den Erwartungen anderer zu genügen.	1	2	3	4	5
4. Ich versuche, einer Sache zusammen mit anderen auf den Grund zu gehen, um für uns alle eine akzeptable Lösung zu finden.	1	2	3	4	5
5. Ich bin in meiner Argumentation und beim Verfolgen meines Standpunkts sicher und weiche nicht davon ab.	1	2	3	4	5
6. Ich vermeide, jemanden direkt auf den Konflikt anzusprechen, wenn ich einen Konflikt mit ihm habe.	1	2	3	4	5
7. Ich stehe zu meiner Lösung.	1	2	3	4	5
8. Ich finde, „Geben und Nehmen“ ist wichtig, sodass am Ende immer ein Kompromiss herauskommt.	1	2	3	4	5
9. Ich tausche alle Informationen mit anderen aus, um gemeinsam das Problem zu lösen.	1	2	3	4	5
10. Ich meide eine offene Diskussion, wenn ich mit jemanden einen Konflikt habe.	1	2	3	4	5
11. Ich werde möglichst den Wünschen von anderen gerecht.	1	2	3	4	5
12. Ich versuche das Anliegen aller anzusprechen, sodass die bestmögliche Lösung herauskommt.	1	2	3	4	5
13. Wenn Verhandlungen festgefahren sind, schlage ich einen Kompromiss vor.	1	2	3	4	5
14. Ich halte mich an die Vorschläge von anderen.	1	2	3	4	5
15. Ich versuche, Differenzen mit anderen für mich zu behalten, um keine negativen Emotionen aufkommen zu lassen.	1	2	3	4	5

Auswertung

Um Ihren bevorzugten Konfliktlösungsstil zu bestimmen, zählen Sie bitte die Punkte bei den entsprechenden Fragen zusammen.

Stil	Fragen	Punkte	gesamt
Auf Durchsetzung/Konkurrenz bedacht.	1 5 7		
Auf Zusammenarbeit bedacht.	4 9 12		
Auf Vermeidung bedacht.	6 10 15		
Auf Anpassung bedacht.	3 11 14		
Auf Kompromiss bedacht.	2 8 13		

Bei welchem Stil haben Sie die höchste Punktzahl? Möglicherweise ist dies Ihr bevorzugter Konfliktlösungsstil. Bei welchem haben Sie die zweithöchste Punktzahl? Möglicherweise greifen Sie auf diesen Stil auch zurück.

Wann ist dieser Konfliktlösungsstil besonders angebracht? Nennen Sie betriebliche Beispiele.

8. Betriebliche Kommunikation gestalten

Erforderliche Kompetenzen

- Ungewissheit bei Mitarbeitenden abbauen.
- Führungsgespräche zielgerichtet führen.
- Kommunikationsfertigkeiten anwenden können.
- Die eigene Kommunikation reflektieren.

8.1 Situationsbezogene Aufgabe „Die Formel zur Ermittlung der Ungewissheit nutzen"

(Bearbeitungszeit 30 Minuten)

Handlungssituation

Meister Berger hat einen neuen Mitarbeiter. Um Vertrauen und Identifikation des Neuen mit dem Betrieb zu schaffen, möchte er die Ungewissheit des neuen Mitarbeiters am ersten Tag reduzieren und plant im Vorfeld entsprechende Maßnahmen.

Situationsbezogene Frage

Welche Ungewissheit hat der Mitarbeiter vor dem ersten Arbeitstag? Beschreiben Sie wichtige Aspekte der Ungewissheit.

8.2 Situationsbezogene Aufgabe „Wer hat das Problem?"

(Bearbeitungszeit 30 Minuten)

Handlungssituation

Augenoptikermeister Bernd sieht sich zum wiederholten Male damit konfrontiert, dass sein neuer Mitarbeiter Daniel Meyer ihm unsachlich widerspricht und bummelt.

Seine Mitarbeiterin Tanja Schnell kommt mit der ihr zugewiesenen Arbeit nicht zurecht und bittet um Hilfe.

Schließlich beschwert sich der Auszubildende über seine Kollegen.

Situationsbezogene Frage

Um welchen Problemtyp handelt es sich jeweils, und mit welcher Gesprächstechnik kann er darauf reagieren?

8.3 Situationsbezogene Aufgabe „Ich-Botschaften"
(Bearbeitungszeit 30 Minuten)

Handlungssituation

Ein Mitarbeiter kommt zu spät zur Arbeit, sodass die Arbeitsgruppe nicht vollständig ist und auf ihn warten muss. Der Vorgesetzte sagt vorwurfsvoll: „Muss man denn immer zu spät kommen?"

Ein Mitarbeiter fällt einem Kunden permanent ins Wort. Der Vorgesetzte sagt nach dem Gespräch vorwurfsvoll: „Sie haben von Kundenfreundlichkeit keine Ahnung."

Ein Fahrer bekommt viele Strafzettel. Der Vorgesetzte sagt zu ihm: „Passen Sie auf, sonst gibt es ein böses Ende."

Situationsbezogene Aufgabe

Formulieren Sie dazu jeweils eine Ich-Botschaft!

8.4 Situationsbezogene Aufgabe „Aktiv Zuhören"
(Bearbeitungszeit 30 Minuten)

Handlungssituation

Eine Mitarbeiterin sagt: „Ich versteh das nicht, das neue Programm berechnet schon wieder den Steuersatz falsch."

Ein Mitarbeiter sagt: „Mit dem (einem Kollegen) rede ich nicht mehr. Der schwärzt mich immer an."

Ein Kunde sagt: „Wie lange sind Sie eigentlich in der Branche schon tätig?"

Situationsbezogene Aufgabe

Formulieren Sie dazu jeweils Ihre aktive Zuhörreaktion!

8.5 Situationsbezogene Aufgabe „Korrekte Wiedergabe von Informationen“

(Bearbeitungszeit 30 Minuten)

Handlungssituation

Ein Fahrer beschwert sich bei seinem Chef, weil er sich bei der Kfz-Zuteilung ungerecht behandelt fühlt. Er fordert, bei der nächsten Neuanschaffung eines Wagens vorrangig berücksichtigt zu werden. Sein Chef findet die Forderung berechtigt.

Situationsbezogene Frage

Treffen die nachstehenden Aussagen zu oder nicht? Sind sie mit den verfügbaren Informationen nicht eindeutig zu beantworten?

- Ein Kraftfahrer beschwert sich, weil er immer die ältesten Autos fahren muss.
- Der Fuhrparkleiter teilt die Kfz ungerecht zu.
- Der Fahrer fordert, bei der nächsten Neuanschaffung vor anderen berücksichtigt zu werden.
- Der Fuhrparkleiter verspricht ihm den nächsten neuen Wagen.
- Der Fuhrparkleiter findet die Forderung nicht gerechtfertigt.

(teilweise aus: Oswald Neuberger: Miteinander arbeiten - miteinander reden. Bayerisches Staatsministerium für Arbeit und Sozialordnung. 3. Auflage)

8.6 Situationsbezogene Aufgabe „Die vier Seiten einer Aussage“

(Bearbeitungszeit 30 Minuten)

Handlungssituation

Sie sind Chef einer Arbeitsgruppe. Ihre neue Mitarbeiterin Julia Wahl bittet um ein Gespräch. Im Moment haben Sie viel Arbeit und fühlen sich gestresst.

Als Julia Wahl den Raum betritt, begrüßen Sie sie mit den Worten: „Na, was haben wir denn auf dem Herzen?“

Situationsbezogene Frage

Wie könnte die Julia Wahl die Aussage aufnehmen? Ziehen Sie dazu das Vier-Seiten-Modell heran!

9. Betriebliche Arbeits- und Entgeltsysteme entwickeln

Erforderliche Kompetenzen

- Die Arbeit motivierend gestalten.
- Methoden der Arbeitsstrukturierung (z. B. Empowerment) anwenden können.
- Widerstände gegen das Ideenmanagement abbauen.
- Die Arbeitszeit flexibel regeln.
- Monetäre und nicht monetäre Anreize situationsgerecht einsetzen.
- Das Äquivalenzprinzip anwenden können.

9.1 Situationsbezogene Aufgabe „Das Motivationspotenzial einer Tätigkeit bestimmen“

(Bearbeitungszeit 60 Minuten)

Handlungssituation

Augenoptikermeister Wolfgang Schenk - sein Credo ist, dass Optik mehr als Verkauf ist - hat festgestellt, dass die Nachwuchswerbung ins Stocken geraten ist. Um ihr neue Impulse zu geben, nimmt er das Motivationspotenzial der Tätigkeiten seiner Mitarbeiter unter die Lupe.

In seinem Betrieb erledigen die vier Optikerinnen alle unten aufgeführten Tätigkeiten.

Im Verkauf:

- Kunden bei der Auswahl von Brillenfassungen und Brillengläsern bzw. bei der Entscheidung zwischen den verschiedenen Sehhilfen (Brillen, harte und weiche Kontaktlinsen) typ- und stilgerecht beraten
- Sehtests durchführen, den Korrekturbedarf beim Kunden ermitteln
- Brillen und Kontaktlinsen anpassen, Augenabstand und Scheitelabstände messen
- Kunden in die Handhabung von Sehhilfen einweisen, z. B. in die Pflege von Kontaktlinsen
- Kunden bei der Auswahl von optischen Geräten und Messinstrumenten beraten
- Kundenreklamationen entgegennehmen und bearbeiten, Preise für Sehhilfen bzw. Reparaturen kalkulieren

In der Werkstatt:

- Brillen aller Art anfertigen (meist aus industriellen Halbfabrikaten)
- Brillenfassungen ändern und Fassungsteile anfertigen
- Brillengläser prüfen, messen, zentrieren, anzeichnen und justieren
- Brillengläser mithilfe der CNC-Schleifmaschine bearbeiten und einpassen
- Brillen instand setzen

Situationsbezogene Fragen

Auf welche Merkmale motivierender Arbeit muss er achten? Welche Bedeutung haben diese Merkmale bei den Verkaufs-/ Beratungs- bzw. Werkstatttätigkeiten?

9.2 Situationsbezogene Aufgabe „Empowerment“

(Bearbeitungszeit 60 Minuten)

Handlungssituation

In einer Großbäckerei mit zwanzig Filialen sind die alltäglichen Aufgaben in der Backstube standardisiert mit dem Ziel, die Abläufe effizient und fehlerfrei zu gestalten.

Rezepturen und vorgegebene Abläufe bestimmen die Aufgaben der Mitarbeiter in der Teigmischerei, bei der Herstellung der Backwaren und am Ofenposten.

Der Inhaber möchte sein Unternehmen auf die neuen Herausforderungen des Markts einstellen und wichtige Maßnahmen von Empowerment einführen.

Situationsbezogene Aufgabe

Beschreiben Sie wichtige Maßnahmen, die das „Empowerment“ der Mitarbeiter fördern.

9.3 Situationsbezogene Aufgabe „Ideenmanagement einführen“

(Bearbeitungszeit 30 Minuten)

Handlungssituation

Der Bäckereiinhaber möchte neben Empowerment auch das Ideenmanagement in seinem Betrieb einführen. Dabei stößt er auf den Widerstand bei den Mitarbeitern, aber auch bei den Vorgesetzten.

Situationsbezogene Fragen

Auf welche Widerstände stößt er möglicherweise? Wie kann er die Widerstände überwinden?

9.4 Situationsbezogene Aufgabe „Arbeitszeit flexibel gestalten“

(Bearbeitungszeit 45 Minuten)

Handlungssituation

Eine Unternehmerin sagt: „Wir sind ein Hochtechnologieunternehmen mit faszinierenden Produkten. Dafür brauchen wir fähige Mitarbeiter, die einen hohen Anspruch an ihre eigene Leistung, aber auch an ihr Arbeitsumfeld haben. Wir spüren heute mehr denn je, dass dafür der Vertrag von der Stange nicht mehr das Richtige ist.

Unsere Mitarbeiter haben ganz unterschiedliche Vorstellungen, wie sie Arbeit und Freizeit ausbalancieren wollen - und zwar zugeschnitten auf ihre ganz persönliche Lebenssituation.

Berufseinsteigern ist es wichtig zu zeigen, was sie können - auch über die 40 Stunden hinaus. Junge Mütter und Väter möchten dagegen möglichst viel Zeit mit ihrem Kind verbringen. Auch wer Familienmitglieder pflegt, ist für freie Zeit dankbar, während der Häuslebauer sich gerne ein finanzielles Polster erarbeitet.“

Situationsbezogene Frage

Welche Arbeitszeit- und Arbeitsmodelle schlagen Sie für die Berufseinsteiger, die jungen Väter und Mütter, die pflegenden Familienmitglieder und die Häuslebauer vor?

9.5 Situationsbezogene Aufgabe „Monetäre und nichtmonetäre Anreize situationsgerecht einsetzen“

(Bearbeitungszeit 30 Minuten)

Handlungssituation

Fluktuation erhöht die Kosten und führt zu Kompetenzverlust. Durch monetäre und nicht monetäre Anreize lässt sich das verhindern. Meister Walter Busch möchte verstärkt nicht monetäre Anreize einsetzen, damit seine Mitarbeiter nicht abwandern.

Situationsbezogene Frage

Beschreiben Sie wichtige nichtmonetäre Anreize, die er ins Auge fassen kann. Welche Voraussetzungen müssen erfüllt sein, damit sie wirken?

9.6 Situationsbezogene Aufgabe „Das Äquivalenzprinzip anwenden“

(Bearbeitungszeit 30 Minuten)

Handlungssituation

Meister Bernhard Hirschburger ist mit der Einstufung seiner Elektriker unzufrieden und möchte, dass sie relativ gesehen einen „gerechten“ Lohn erhalten. Im Moment sind ihre Tätigkeiten mit einem summarischen Verfahren bewertet. Mit diesem Verfahren ist er nicht einverstanden und möchte ein analytisches Verfahren verwenden.

Situationsbezogene Frage

a) Welche Kriterien sind für den „gerechten“ Lohn ausschlaggebend?

b) Welchen Vorteil haben die analytischen Verfahren?

10. Personal nachhaltig entwickeln

Erforderliche Kompetenzen

- Die Schlüsselqualifikationen bei der Personalentwicklung fördern können.
- Den Personalentwicklungsbedarf ermitteln können.
- Die wichtigsten Instrumente der Personalentwicklung einsetzen können.
- Wichtige Maßnahmen zur Sicherung des Fachkräftebedarfs ergreifen können.

10.1 Situationsbezogene Aufgabe „Die Schlüsselqualifikationen fördern“

(Bearbeitungszeit 30 Minuten)

Handlungssituation

Meister Max Dietz leitet eine freie Autowerkstätte, die sein Vater 1950 gegründet hat. Er hat drei Mitarbeiter und kann sich vor Aufträgen im Moment nicht retten. Daher hat er einen neuen Mitarbeiter eingestellt. Der Neue hat bei einer großen Vertragswerkstatt eines bedeutenden Automobilherstellers gelernt und war dort zwei Jahre beschäftigt.

Situationsbezogene Frage

Welche Schlüsselqualifikationen wird Meister Dietz bei dem Neuen fördern müssen?

10.2 Situationsbezogene Aufgabe „Kompetenz-Check“

(Bearbeitungszeit 30 Minuten)

Handlungssituation

Um den Personalentwicklungsbedarf seiner Führungskräfte zu bestimmen, macht der Leiter der Niederlassung eines Pkw-Herstellers einen Kompetenz-Check. Dazu verwendet er das Assessment-Center.

Situationsbezogene Fragen

Was enthält der Postkorb, und was wird dabei bewertet?

Beschreiben Sie den Postkorb als Übung eines Assessment-Centers.

10.3 Situationsbezogene Aufgabe „Brainstorming“
(Bearbeitungszeit 30 Minuten)

Handlungssituation

Meister Udo Stark leitet das Team für Bad, Heizung und Blechbearbeitung, das sechs Mitarbeiter umfasst. Seine Devise ist: „Bei uns können die Kunden in Urlaub gehen. Wenn sie zurückkommen, haben sie das perfekte Bad.“

Er möchte die Kundenzufriedenheit verbessern und hat daher sein Team zu einem Brainstorming eingeladen.

Situationsbezogene Frage

Aus welchen Phasen besteht das Brainstorming, und worauf muss er bei der Durchführung achten?

10.4 Situationsbezogene Aufgabe „Maßnahmen zur Sicherung des Fachkräftebedarfs“
(Bearbeitungszeit 30 Minuten)

Handlungssituation

Das Elektro- und Lichthaus Holt mit 27 Fachkräften möchte seinen Fachkräftebedarf für die nächsten zwei Jahre sichern. Dabei möchte Hans Holt ohne Neueinstellungen auskommen.

Situationsbezogene Frage

Welche Maßnahmen schlagen Sie dem Inhaber Hans Holt vor?

II. Lösungshinweise zu den situationsbezogenen Aufgaben

1. Motivieren – Grundlage der Führung

1.1 Individuell motivieren

a) Wie lassen sich die Reaktionen der drei Mitarbeiter erklären? Greifen Sie dazu auf die Hierarchie der Bedürfnisse zurück.

Um seine Mitarbeiter adäquat zu motivieren, muss der Vorgesetzte ihre Bedürfnisse erschließen. Dabei wird er auf die verbalen und nonverbalen Reaktionen der Mitarbeiter achten und sich im Gespräch vergewissern, ob er sie richtig deutet.

Im vorliegenden Fall ist die Bedürfnishierarchie eine Hilfe. Die wichtigsten Bedürfnisse sind die Bedürfnisse nach Sicherheit, Anerkennung, Status (Rang), Macht und Leistung.

Bei Obermonteur Mayer wirkt das Lob. Das erkennt der Elektromeister an der Miene des Mitarbeiters. Um wieder ein gutes Arbeitsergebnis zu erzielen, strengt er sich bei der nächsten schwierigen Aufgabe wieder an. Sein Bedürfnis nach Anerkennung wird zufriedengestellt. Auslöser für das zielgerichtete Verhalten ist ein ungestilltes Bedürfnis nach Anerkennung. Wenn der Mangelzustand beseitigt ist, tritt das Bedürfnis wieder auf. Elektromeister Müller ist deshalb gut beraten, ihn bei guter Arbeit erneut zu loben.

Bei Obermonteur Fritz ist die Sachlage anders. Auch er hat eine schwierige Aufgabe gut gelöst. Aber dieses Mal zeigt das Lob nicht die gewünschte Wirkung, da er das Lob von außen nicht braucht. Er setzt sich selber die Ziele und achtet selber darauf, dass er sie erreicht, und wenn er positive Rückmeldungen aus der Aufgabenerfüllung bekommt, braucht er kein Lob von außen. Sein Bedürfnis nach Leistung ist stark ausgeprägt, und seine Motivation ist intrinsisch. Daher fragt er sich, ob der Vorgesetzte mit dem Lob etwas bezweckt (zweckgerichtetes Lob). Im ungünstigsten Fall ist das Lob kontraproduktiv und erzeugt Reaktanz beim Mitarbeiter.

Die Reaktion von Obermonteur Schulz zeigt, dass bei ihm ein ganz anderes Bedürfnis nicht zufriedengestellt ist und das Lob deshalb nicht die erwünschte Wirkung hat. Seine Äußerung deutet darauf hin, dass sein Bedürfnis nach Rang (Status) in der Gruppe nicht zufriedengestellt ist. Aufgrund seiner langen Betriebszugehörigkeit meint er, dass ihm ein höherer Rang in der Gruppe zusteht.

b) Wie kann der Vorgesetzte die Mitarbeiter Fritz und Schulz adäquat motivieren? Beschreiben Sie jeweils individuelle Maßnahmen.

Mitarbeiter mit intrinsischer Motivation werden durch die Aufgabe als solche motiviert. Ist sie vielfältig, schwierig, verantwortungsvoll und liefert sie direkte Rückmeldungen, ob sie richtig oder falsch gelöst wurde, wirkt das motivierend. Der Vorgesetzte hat Mitarbeiter Fritz eine schwierige Aufgabe übertragen, die er gut gelöst hat. Der Mitarbeiter weiß um die Schwierigkeit der Aufgabe und die erzielten Resultate, daher braucht er keine äußere Rückmeldung (das Lob). Möchte der Vorgesetzte ihn motivieren, wird er ihm wieder eine Aufgabe übertragen, deren intrinsisches Motivationspotenzial hoch ist. Routinehafte, einfache Aufgaben sollten die Ausnahme sein. Um den sich ständig verändernden Aufgaben gerecht zu werden, empfiehlt es sich außerdem, ihn dabei zu unterstützen, dass seine Kenntnisse und Fertigkeiten auf dem letzten Stand sind.

Mitarbeiter Schulz fühlt sich von den anderen in der Arbeitsgruppe nicht richtig gewürdigt. Er meint, dass ihm aufgrund der langen Betriebszugehörigkeit ein besonderer Rang in der Gruppe zusteht. Der Vorgesetzte kann in diesem Fall nicht direkt das Bedürfnis des Mitarbeiters nach Rang zufriedenstellen. Er kann jedoch in Gruppenbesprechungen, bei denen die anderen Mitarbeiter anwesend sind, die Verdienste des Mitarbeiters für den Betrieb darstellen. Bei Eignung kann er ihn zu seinem Stellvertreter bestellen, wenn er selbst verhindert ist (z. B. krank ist).

(Literaturhinweis: Lehrbuch „Personalmanagement - Teil II: Personal führen und entwickeln“, Abschnitt 1.2)

1.2 Fairness

Tipp: Machen Sie zunächst Übung 1.4 (Seite 15), bevor Sie die Aufgabe lösen.

a) Woran macht der leistungsstarke Mitarbeiter die mangelnde Fairness fest? Mit wem vergleicht er sich? Welche Verhaltensweisen wird er möglicherweise zeigen?

Mitarbeiter Fleißig vergleicht sein Verhältnis von Ertrag und Aufwand mit demjenigen anderer Zimmerleute und möchte nicht der Dumme sein. Das Verhältnis von dem, was er erhält, zu dem, was er in den Betrieb einbringt, ist seiner Meinung nach zu gering. Er fühlt sich ungerecht behandelt.

Seine Wahrnehmung macht er an verschiedenen Aspekten der jetzigen Arbeit fest. So kann er dies auf die Bezahlung im Betrieb, das Arbeitstempo oder die Einhaltung der Arbeitsordnung beziehen. Oft sind es mehrere

Arbeitsaspekte, die kumulieren und zu unerwünschten Reaktionen der Mitarbeiter führen.

Am einfachsten ist es für die Mitarbeiter, den Ertrag zum Aufwand bei der Bezahlung in Beziehung zu setzen und diesen mit anderen zu vergleichen. Ein Blick in das Internet zeigt die Durchschnittslöhne der Zimmerleute in den einzelnen Bundesländern.

Dabei fühlen sich Mitarbeiter nicht automatisch ungerecht behandelt. Wenn ein Kollege bei einer Lohnerhöhung mehr Arbeit übernimmt, wird die Erhöhung nicht als ungerecht wahrgenommen.

Als Vergleichspersonen zieht Fleißig direkte Kollegen - Zimmerleute im Betrieb -, aber auch Kollegen aus anderen Betrieben heran. Dabei wird er sich immer nur mit denjenigen vergleichen, die ein ähnliches Fachprofil und ähnliche Tätigkeiten haben wie er.

Neben der Kündigung zeigen Mitarbeiter bei empfundener Unfairness unerwünschte Verhaltensweisen wie folgt:

- Sie strengen sich weniger an.
- Sie identifizieren sich nicht mit dem Betrieb.
- Sie bummeln und halten sich nicht an die Arbeitsordnung.
- Sie gehen unsorgfältig mit dem Arbeitsmaterial um (erhöhter Materialverbrauch).
- Sie kündigen innerlich.

Daher lohnt es sich für den Handwerksunternehmer sehr wohl, mit Kurt Fleißig ein persönliches Gespräch zu führen.

b) Welche Tatbestände wird der Handwerksunternehmer prüfen, um festzustellen, ob der Mitarbeiter tatsächlich unfair behandelt wird? Wie wird er im Gespräch vorgehen?

Als Vorbereitung auf das Gespräch kann der Handwerksunternehmer für sich selber den Fragebogen zur Selbstreflexion durchgehen.

- Sind seine Grundsätze bei Lohnerhöhungen im Betrieb fair?
- Beurteilt er fair, wenn ein Mitarbeiter im Betrieb eine individuelle Zulage bekommt?
- Ist das Lohnniveau seines Betriebs verglichen mit anderen Betrieben in der Region fair?
- Setzt er bei allen Mitarbeitern durch, dass Arbeitstempo und Arbeitsordnung (z. B. Arbeitszeiten) eingehalten werden?

Im Gespräch wird er erkunden (offene Fragen stellen, zuhören), wo bei Kurt Fleißig der Schuh drückt. Sind es Lohnfragen? Oder Fragen des Arbeitstempos und der Einhaltung der Arbeitsordnung, die von Kurt Fleißig kritisch gesehen werden?

(Literaturhinweis: Lehrbuch „Personalmanagement - Teil II: Personal führen und entwickeln“, Abschnitte 1.4 und 9.3.4)

1.3 Unzufriedene Mitarbeiter

Tipp: Machen Sie zunächst Übung 1.5 (Seite 16), bevor Sie die Aufgabe lösen.

a) Welche Faktoren führen bei den Mitarbeitern möglicherweise zu Unzufriedenheit, welche möglicherweise zu Zufriedenheit („Unzufriedenmacher“ bzw. „Zufriedenmacher“)?

Als Gesprächsvorbereitung erarbeitet der Unternehmer eine Checkliste mit möglichen „Unzufriedenmachern“ (Hygienefaktoren) bzw. „Zufriedenmachern“ (Motivatoren).

Die Checkliste mit den **Hygienefaktoren** könnte wie folgt aussehen:

	Ja	Nein
Firmenpolitik und Verwaltung		
Ist die Arbeitsorganisation rationell?		
Ist die Personalpolitik gerecht?		
Hat der Betrieb einen guten Ruf?		
Technische Kompetenz des Vorgesetzten/Führung		
Ist der Vorgesetzte fachkundig?		
Versucht er alles selber zu machen?		
Bevorzugt er bestimmte Personen?		
Persönliche Beziehungen zum Vorgesetzten		
Ist er mir gegenüber freundlich?		
Setzt er sich für mich ein?		
Arbeitsbedingungen		
Gestattet der Arbeitsplatz Kontakt zu Dritten?		
Ist der Arbeitsplatz gut organisiert?		
Schadet der Arbeitsplatz der Gesundheit?		
Bezahlung/Einkommen		
Ist das Einkommen gerecht und angemessen?		
Ist das Einkommen relativ günstig im Vergleich zu anderen Personen, mit denen sich der Mitarbeitende vergleicht?		
Beziehung zu Mitarbeitenden		
Arbeitet er mit sympathischen Personen zusammen?		
Betrachtet er sich als Mitglied der Gruppe?		
Wurde er gemobbt?		
Einfluss aufs Privatleben		
Verursacht die Arbeit Familienprobleme?		
Verursacht die Arbeit Probleme im Zusammenleben mit Nachbarn, Gemeindemitgliedern?		
Status		
Habe ich einen angemessenen Status?		

Arbeitsplatzsicherheit		
Ist der Arbeitsplatz sicher?		
Steht eine Veränderung an?		

Die Checkliste „Motivatoren“ könnte wie folgt aussehen:

	Ja	Nein
Erfolgserlebnis/Leistung		
Können die Mitarbeiter die Arbeit erfolgreich abschließen?		
Ist das Ergebnis der Arbeit sichtbar?		
Können sie eigene Vorstellungen in die Arbeit einfließen lassen?		
Können sie andere von der Richtigkeit ihrer Vorstellungen überzeugen?		
Anerkennung durch andere		
Nimmt der Chef die gute Leistung zur Kenntnis?		
Nehmen andere (z. B. Kunden, Kollegen) die gute Leistung zur Kenntnis?		
Bemerken andere die guten Ideen, die die Mitarbeiter haben?		
Wird gelobt?		
Erhalten sie Geld als Anerkennung für die gute Leistung?		
Akzeptiert der Betrieb ihre Vorschläge?		
Arbeit selbst		
Ist die Arbeit vielseitig?		
Fordert die Arbeit ihre Fähigkeiten?		
Erfordert die Arbeit Mitdenken?		
Verantwortung/Selbstständigkeit		
Können sie selbst die eigene Arbeitsweise festlegen?		
Sind sie für die Arbeit Dritter verantwortlich?		
Erhalten sie bei Erfolg zusätzliche Verantwortung?		
Vorwärtskommen/Fortschritt		
Besteht bei Erfolg die Möglichkeit des Weiterkommens?		
Entfaltung auf dem bestehenden Arbeitsplatz/Wachstum		
Können sie zusätzliche Fertigkeiten erlernen?		

Im Gespräch wird er zunächst einmal danach fragen, was die Mitarbeiter zufrieden macht, und danach die Frage nach der Unzufriedenheit stellen. So relativieren sich auch die Faktoren, die zur Unzufriedenheit der Mitarbeiter beitragen.

b) Welche Maßnahmen sind geeignet, die Unzufriedenheit zu verringern und die Zufriedenheit der neu eingetretenen Mitarbeiter zu verbessern?

Im Gespräch mit den neu eingetretenen Mitarbeitern kristallisiert sich heraus, dass sie das Einstiegsgehalt und das Verhältnis zu den Kollegen unzufrieden macht. Das Verhältnis zu den Vorgesetzten und die Lohnzusatzleistungen stimmen.

Bei den Motivatoren werden die Weiterbildungsmöglichkeiten kritisiert, die abwechslungsreiche Arbeit positiv vermerkt.

Daraufhin beschließt der Unternehmer, in einer Mitarbeiterbesprechung das Verhältnis zwischen den neu eingetretenen Mitarbeitern und den langjährigen Mitarbeitern auf die Tagesordnung zu nehmen. Beide Seiten sollen zu Wort kommen und eventuelle Vorurteile ausgeräumt werden. Die möglichen Synergieeffekte einer einvernehmlichen Zusammenarbeit sollen thematisiert werden. Die Konfliktlösetechnik „Gemeinsames Ziel identifizieren“ bietet sich dazu an.

Im Hinblick auf die Unzufriedenheit mit dem Einstiegsgehalt macht sich der Unternehmer zunächst einmal kundig über die von anderen Betrieben gezahlten Einstiegsgehälter, dabei zieht er auch die Lohnzusatzleistungen mit in Betracht. Bei großen Diskrepanzen wird er die Einstiegsgehälter den Marktgegebenheiten anpassen.

Um die Weiterbildungsmöglichkeiten zu verbessern, informiert sich der Unternehmer bei der Handwerkskammer und spricht das Angebot mit seinen Mitarbeitern durch.

(Literaturhinweis: Lehrbuch „Personalmanagement - Teil II: Personal führen und entwickeln“, Abschnitte 1.6 und 7.4)

2. Eckpfeiler der Führung

2.1 Das moderne Menschenbild umsetzen I

Tipp: Machen Sie zunächst Übung 2.4 (Seite 20), bevor Sie die Aufgabe lösen.

a) Wie wird er vorgehen, wenn er ein traditionelles Menschenbild (Theorie X) hat?

Vorgesetzte lassen sich in ihrem Führungsverhalten bewusst und unbewusst von ihrem Menschenbild leiten. So auch Paul Schmid.

Hat Paul Schmid das traditionelle Menschenbild, nimmt er an, dass Frau Zeller die betrieblichen Interessen vernachlässigt und gern einen „Schwatz" mit einzelnen Kunden macht, und zwar in den Zeiten, in denen andere Kunden anrufen. Sie muss daher gelenkt und geführt werden, damit der Betrieb gut läuft. Er denkt, die meisten Mitarbeiter ändern ihr Verhalten nicht aus freien Stücken und müssen gelenkt werden.

Dabei vergisst er, dass Frau Zeller mit den meisten Kunden verbindliche und angemessene Gespräche führt, die die Atmosphäre verbessert haben. Seine Wahrnehmung ist auf ihre Fehler fixiert.

Sie hat einen Fehler gemacht, und er gibt ihr die Direktive, die Gespräche kürzer zu führen. Dies ist bei Personen mit autoritärem Führungsstil üblich.

b) Wie wird er vorgehen, wenn er ein modernes Menschenbild (Theorie Y) hat?

Ganz anders ist es, wenn Paul Schmid das moderne, auf Vertrauen basierende Menschenbild hat. Er geht davon aus, dass Frau Zeller sich durchaus für die Ziele des Betriebs einsetzt. Ihr freundliches und verbindliches Verhalten ist ein Plus für den Betrieb.

Er interpretiert ihr Verhalten so: Sie möchte ihren Job zu 150 % erledigen und schießt über das Ziel hinaus.

Weiterhin sagt er sich, dass die zu langen Gespräche der Situation und nicht ihrer Person geschuldet sind. Folglich kann er im Gespräch darauf hinwirken, dass sie das kritische Verhalten seltener oder gar nicht mehr zeigt.

c) Wieso ist das Menschenbild für die Personalführung wichtig?

Beim modernen Menschenbild (Y-Theorie) geben Vorgesetzte ihren Mitarbeitern einen Vertrauensvorschuss. Sie gehen davon aus, dass Mitarbeiter nicht aus Zwang heraus sich anstrengen, sondern dass die Aufgabe als solche sie interessiert und sie im Betrieb daher positive Ziele verfolgen. Dementsprechend ist das Führungsverhalten dieser Vorgesetzten.

Frau Zeller spürt den Vertrauensbeweis ihres Chefs und möchte die in sie gesetzten Erwartungen erfüllen. Sie ist motiviert und zeigt eine gute Leistung. Allerdings schießt sie in einzelnen Gesprächen über das Ziel hinaus, und hier wird der Vorgesetzte ansetzen müssen. Ihre Leistung bestärkt alles in allem die Erwartungen des Vorgesetzten.

d) Welche Maßnahmen sind geeignet, das Problem zu lösen?

In diesem Fall bietet sich ein kooperativ geführtes Gespräch an. Der Vorgesetzte gibt ihr eine positive Rückmeldung zu ihrem Gesprächsverhalten. Sie sei ein Gewinn für den Betrieb.

Dann kommt er auf die Einzelfälle zu sprechen. Gemeinsam überlegen Mitarbeiterin und Vorgesetzter, wie Frau Zeller das nächste Mal die Situation besser meistern kann. Zum Beispiel: Frau Zeller kann - wenn sie das „Anklopfen“ in der Leitung hört - das Gespräch auf das Wesentliche beschränken (Kundendaten entgegennehmen und anbieten, dass sie zurückruft).

(Literaturhinweis: Lehrbuch „Personalmanagement - Teil II: Personal führen und entwickeln“, Abschnitt 2.1)

2.2 Das moderne Menschenbild umsetzen II

a) Welche Verhaltensweisen muss er zeigen, damit sein Menschenbild erfolgswirksam wird?

Meister Wahrig wird einen kooperativen Führungsstil pflegen, dessen Kennzeichen Vertrauen, viel Information und Kommunikation sind. Wenn er eine Aufgabe delegiert hat, lässt er die Mitarbeiter selbstständig entscheiden und gibt ihnen viele Informationen zur Aufgabenerledigung. Die Mitarbeiter tragen dann die Verantwortung. Er überträgt ihnen auch schwierige Aufgaben, die sie fordern.

Im kooperativen Führungsstil drückt der Vorgesetzte seine Zufriedenheit mit Worten und Gesten aus.

Das persönliche Verhältnis zu den Mitarbeitern ist entspannt. So wird er in den Pausen den persönlichen Kontakt zu ihnen pflegen.

b) Wie wird er darauf reagieren, wenn ein Mitarbeiter nicht den in ihn gesetzten Erwartungen genügt?

Wenn einmal ein Mitarbeiter nicht die in ihn gesetzten Erwartungen erfüllt, wird er zusammen mit ihm nach den Ursachen suchen und dafür sorgen, dass der Fehler das nächste Mal nicht mehr vorkommt. Er geht davon aus, dass Mitarbeiter lernfähig sind. Personalentwicklung ist für ihn kein Schlagwort, sondern wird gelebt.

(Literaturhinweis: Lehrbuch „Personalmanagement - Teil II: Personal führen und entwickeln", Abschnitt 2.1)

2.3 Vertrauen gewinnen

a) Welche Leitprinzipien des Handelns wird er ihnen mitteilen?

In dem Gespräch stellt Stefan Hornbach Offenheit, Fairness, Sach- und Fachkenntnis sowie Loyalität als Leitprinzipien seines Handelns vor.

- **Offenheit**
Er möchte allen Mitarbeitern alle wichtigen Informationen und Pläne mitteilen. Damit möchte er den Eindruck mangelnder Offenheit vermeiden. Mangelnde Offenheit habe negative Auswirkungen, die die Vertrauensbildung scheitern lassen. Daher werde er regelmäßige Mitarbeiterbesprechungen machen. Müssen die Informationen zeitnah mitgeteilt werden, werde er dies tagesaktuell in zusätzlichen Besprechungen tun. Zudem nutze er das betriebliche E-Mail-System, um rasch wichtige Informationen weiterzugeben. Auch habe er die Politik der offenen Tür, bei der er jederzeit zur Verfügung stehe, wenn Probleme aufträten.

- **Fairness**
Bei der Mitarbeiterführung lasse er sich vom Prinzip der Fairness leiten. Damit keiner seiner Mitarbeiter sich unfair behandelt fühle, werde jede seiner Entscheidungen auf den Prüfstand gestellt. Sollte sie ungerecht sein, werde sie korrigiert. Insbesondere müssten die Entscheidungen zur Lohngerechtigkeit, zur Einhaltung des Arbeitstempos und der Arbeitsordnung stimmen.

- **Sach- und Fachkenntnis**
Der Erfolg des Betriebs werde wesentlich durch die Sach- und Fachkenntnis der Vorgesetzten und Mitarbeiter bestimmt. Daher seien bei allen Entscheidungen die Sach- und Fachkenntnis angemessen zu berücksichtigen. Sie soll bei Auseinandersetzungen den Ausschlag geben.

- **Loyalität**
Für ihn seien loyale Mitarbeiter ein unschätzbarer Wettbewerbsvorteil. Umgekehrt werde er sich auch den Mitarbeitern gegenüber loyal verhal-

ten und sich für sie gegenüber den nächsthöheren Vorgesetzten und Außenstehenden einsetzen.

c) Worauf wird er in der Folge achten müssen, damit ihm die Mitarbeiter vertrauen?

Ob die Mitarbeiter ihm vertrauen, wird davon abhängen, ob er die Leitprinzipien glaubwürdig umsetzt. Tut er das, was er im persönlichen Gespräch gesagt hat, bildet sich nach einiger Zeit Vertrauen. Das Vertrauen wird sich erst nach und nach einstellen; es kann jedoch schlagartig zerstört werden, wenn er sich unglaubwürdig verhält. Die Mitarbeiter werfen ihm dann Schlitzohrigkeit und mangelnde Integrität vor.

(Literaturhinweis: Lehrbuch „Personalmanagement - Teil II: Personal führen und entwickeln", Abschnitt 2.3)

3. Mitarbeiter verstehen – die psychologischen Typen

3.1 Die introvertierte Mitarbeiterin

Tipp: Machen Sie zunächst Übung 3.6 (Seite 24), bevor Sie die Aufgaben lösen.

a) Was kennzeichnet das Verhalten der neuen Mitarbeiterin und bei welchen Aufgaben wird sie der Inhaber bevorzugt einsetzen können?

Der Optikermeister hat bei der Mitarbeiterin erkannt, dass der Schwerpunkt ihrer Aufmerksamkeit innen ist, dass sie nach innen ausgerichtet ist. Sie handelt überlegt und möchte vorher etwas verstehen. Sie ist „ernst" und möchte, dass man ihre Privatsphäre respektiert.

Er selbst ist extravertiert und bevorzugt andere Verhaltensweisen.

Die Tätigkeiten der Optikerin fallen in zwei Kategorien: Verkauf/Beratung und Werkstatt. Zunächst wird er sie bevorzugt bei Werkstattaufgaben einsetzen (z. B. Brillengestelle anpassen, Brillen reparieren, Büroarbeiten erledigen) und nach und nach im Verkauf/Beratung (z. B. Beratung bei der Auswahl der Brillengestelle), um ihre Weiterentwicklung anzustoßen.

b) Wie wird er vorgehen, um sie weiterzuentwickeln?

Er wird sein Kommunikationsverhalten überdenken und anpassen müssen, wenn er die neue Mitarbeiterin erfolgreich führen will.

Bei Gesprächen mit der neuen Mitarbeiterin wird er genau zuhören müssen und umgekehrt genau beschreiben, was er plant. Auch muss er klar sagen, ob es sich bei seinen Informationen lediglich um Anregungen oder um Entscheidungen handelt.

Informationen, die er als Chef braucht, muss er aktiv erfragen. Die Initiative muss von ihm ausgehen. Auch sollte er die introvertierte Mitarbeiterin vor Kollegen nicht plötzlich ins Rampenlicht stellen.

Persönliche Fragen wird er erst später stellen können, wenn sich ein Vertrauensverhältnis gebildet hat.

3.2 Die extravertierte Mitarbeiterin

a) Wie sollte die Friseurmeisterin vorgehen? Auf welche Verhaltensweisen der Mitarbeiterin wird sie eingehen?

Die Meisterin muss der Friseurin klarmachen, dass es verschiedene Kundentypen gibt. Die Grundeinstellung differiert von Mensch zu Mensch. Neben der extravertierten Grundeinstellung gibt es die introvertierte. Kundinnen mit einer introvertierten Grundeinstellung richten ihre Energie nach innen und sind ruhig, möchten, dass man ihre Privatsphäre respektiert, sind abwartend und haben oft eine von der Gruppe abweichende Meinung.

b) Wie wird die Friseurmeisterin vorgehen, um die Mitarbeiterin weiterzuentwickeln?

Am besten wird die Meisterin der Mitarbeiterin eine Rückmeldung über deren extravertiertes Verhalten geben und diesem introvertiertes Verhalten gegenüberstellen. Dann wird sie ihr Verhaltenstipps geben.

Dazu zählt insbesondere, dass sie den introvertierten Kundinnen keine persönlichen Fragen stellt und deren Privatsphäre unangetastet lässt. Auch sollte die Mitarbeiterin die Informationen und Wünsche der Kundinnen genau erfragen, wenn diese sie nicht von alleine kundtun.

Um das neue Verhalten der Mitarbeiterin zu stabilisieren, wird sie von Fall zu Fall mit ihr über den erreichten Fortschritt sprechen und gegebenenfalls nachsteuern und korrigieren.

3.3 Der Mitarbeiter mit der Wahrnehmungspräferenz „Intuition“

a) Wie sollte der Teamleiter vorgehen, auf welche Verhaltensweisen des Mitarbeiters wird er eingehen?

Personen mit einer Wahrnehmungspräferenz „Intuition“ gehen ganzheitlich vor und bevorzugen die unmittelbare Wahrnehmung. Dies hat den Vorteil, dass sie oft schnell Lösungen finden. Allerdings können sie auch mit ihrer Lösung danebenliegen, insofern ist es zweckgünstig, wenn sie auch die auf Details achtende Vorgehensweise kennen und Schritt für Schritt vorgehen.

Teamleiter Knorr wird den Mitarbeiter motivieren können, wenn er die Schritt-für-Schritt-Vorgehensweise in einen größeren Zusammenhang stellt. Zum Beispiel kann er darauf verweisen, dass durch die Schritt-für-Schritt-Vorgehensweise die Qualität der Dienstleistungen des

Servicemechanikers und damit der gesamten Abteilung verbessert wird. Dabei kann er erklären, wie im letzten Jahr damit die Zufriedenheit der Kunden gesteigert wurde. Vor allem kann so die Qualität zukünftig verbessert werden.

Er wird weiterhin dem Servicemechaniker vermitteln, dass er zuversichtlich ist, dass dieser das Schritt-für-Schritt-Vorgehen gut meistern kann und damit Erfolg haben wird.

b) Wie wird der Teamleiter vorgehen, um den Mitarbeiter weiterzuentwickeln?

Der Teamleiter wird den Mitarbeiter auffordern, die empfohlene Vorgehensweise einzusetzen, ihm Hilfe anbieten, wenn er nicht klarkommt, und nach geraumer Zeit ein Gespräch mit ihm darüber führen, welche Erfahrungen er mit der neuen Methode gemacht hat.

3.4 Der Mitarbeiter mit dem Entscheidungsstil „Denken“

a) Wie sollte der Teamleiter vorgehen, auf welche Verhaltensweisen des Mitarbeiters wird er eingehen?

David Kramer bevorzugt den logisch-rationalen Entscheidungsstil, der bei der Arbeit in der Werkstatt viele Vorteile hat. Er analysiert nüchtern Fehler in der Elektronik und Mechanik. Bislang war seine Arbeit auf die Sache Automobil bezogen.

Nun kommen andere Anforderungen auf ihn zu. Neben der Sachkenntnis muss er Einfühlungsvermögen in die Arbeit einbringen. Um erfolgreich zu sein, muss er auch die Auswirkung seiner Beratung auf den Kunden mit einbeziehen.

b) Wie wird der Teamleiter vorgehen, um den Mitarbeiter weiterzuentwickeln?

Teamleiter Braun wird zeigen müssen, wie man auf die Bedürfnisse und Wünsche eines Kunden eingehen kann. Vor allem muss er darauf hinwirken, dass der neue Mitarbeiter die Beziehungsebene in der Kommunikation berücksichtigt, damit die Kunden weiterhin den Service der Firma nutzen. Auch muss David Kramer seinen Kunden übermitteln, dass ihm die Tätigkeit für den Kunden sehr wichtig ist.

Der Teamleiter kann David Kramer in einem Kundengespräch beispielhaft zeigen, wie man Kundenorientierung realisiert, und ihm seine Hilfe anbieten, wenn er bei schwierigen Kunden Hilfe braucht. Nach vier Wochen kann Teamleiter Braun ein Follow-up-Gespräch führen, in dem David Kramer über seine Erfahrungen berichtet.

3.5 Der Mitarbeiter mit dem bevorzugten Arbeitsstil „Wahrnehmen“

a) Wie sollte der Meister im Gespräch vorgehen, auf welche Verhaltensweisen des Mitarbeiters wird er eingehen?

Meister Ludwig wird ein Kritikgespräch führen, denn der von Lutz gezeigte Arbeitsstil „Wahrnehmen“ kann für den Betrieb gefährlich werden. Im Falle des gefährlichen Lösungsmittels muss der Mitarbeiter ordentlich und sorgfältig die Arbeit erledigen. Das unerwünschte Verhalten soll nicht wieder auftreten. Dabei soll der Mitarbeiter nicht frustriert und die Beziehungsebene nicht gestört werden.

(Literaturhinweis zu 3.5: Lehrbuch „Personalmanagement - Teil II: Personal führen und entwickeln“, Abschnitt 8.4)

b) Wie wird Conrad Ludwig vorgehen, um den Mitarbeiter weiterzuentwickeln?

Ist bei Sven Lutz der Arbeitsstil „Wahrnehmen“ stark ausgeprägt, bedarf es einer Ergänzung durch Planung und Ordnung. Gerade im Hinblick auf gefährliche Lösungsmittel müssen strikte Regeln eingehalten werden.

Dabei können Sicherheitsschulungen die Achtsamkeit des Mitarbeiters verbessern. In diesen Schulungen wird nicht nur das erwünschte Verhalten herausgearbeitet, sondern es werden auch die Folgen des unerwünschten Verhaltens verdeutlicht. Sie können in regelmäßigen Abständen durchgeführt werden, damit das erwünschte Verhalten „eingeschliffen“ wird.

(Literaturhinweis: Lehrbuch „Personalmanagement - Teil II: Personal führen und entwickeln“, Abschnitt 3.5)

4. Selbstreflexion – emotional kompetenter werden

4.1 Den blinden Fleck am Arbeitsplatz verringern

a) Wie sollte die Vorgesetzte auf das Meidungsverhalten der Mitarbeiterin reagieren?

Bei der Beantwortung der Frage hilft das Johari-Fenster.

Die Vorgesetzte fragt sich, ob sie sich eine Rückmeldung über ihr eigenes Verhalten geben lassen soll oder nicht. Indem sie sich eine Rückmeldung über ihr Verhalten geben lässt, vergrößert sie die „Arena“, also den Bereich von Verhaltensweisen und Eigenschaften, den sie und andere bewusst wahrnehmen. Ist dieser Bereich groß, sind die mitmenschlichen Beziehungen am Arbeitsplatz entspannt, das Betriebsklima ist besser.

b) Sollte die Vorgesetzte die Auseinandersetzung direkt ansprechen?

Oft belasten solche unausgesprochenen Konflikte die Zusammenarbeit. Daher sollte Gudrun Schreiber die Auseinandersetzung direkt ansprechen und sich ein Feedback über das eigene Verhalten geben lassen. Sie erweitert damit die Arena. Darüber hinaus kann sie ihrer Mitarbeiterin ein Feedback geben und offen mit ihr reden. Das Gespräch über die Auseinandersetzung ist dann im besten Sinne „Metakommunikation“, also reden über die verbale Auseinandersetzung. Indem sie Ines Müller ihre Sicht der Dinge kundgibt, fördert sie ein Klima der Offenheit und hält nicht mit den Dingen, die sie denkt, zurück.

(Literaturhinweis: Lehrbuch „Personalmanagement – Teil II: Personal führen und entwickeln“, Abschnitt 4.2)

4.2 Kundenbetreuung – wo bleibt die Zeit?

Ordnen Sie die Tätigkeiten den Quadranten der Notwendigkeit, der Qualität, der Geschäftigkeit und der Verschwendung zu. Berücksichtigen Sie dabei, dass Sie in den Sprechzeiten telefonisch erreichbar sein müssen.

Quadrant der Notwendigkeit

- Kunden während der Sprechzeiten telefonisch beraten.
- Stornierungen entgegennehmen und das Lager benachrichtigen.
- Aktive Kundenbetreuung: Termine verfolgen, zeitkritische Auftragspositionen überwachen.

- Den Kunden telefonisch und schriftlich Preise, Liefertermine und Aktionen mitteilen.
- Auslieferungen mit Versand abstimmen.

Quadrant der Qualität

- Sich in das neue EDV- System, das in drei Monaten eingeführt wird, einarbeiten.
- Auftragsbestandsliste bearbeiten.
- Rabattaktionen in Abstimmung mit dem Handwerksunternehmer planen.
- Pflegen von Kunden-Angebotsdaten (z. B. Kundenstamm, Kataloge, Preislisten).

Quadrant der Geschäftigkeit

- Eine elektronische kundenbezogene Ablage mit offenen Vorgängen führen.
- Pflegen von Kunden-Angebotsdaten (z. B. Kundenstamm, Kataloge, Preislisten).

Quadrant der Verschwendung

- Im Internet surfen.

(Literaturhinweis: Lehrbuch „Personalmanagement - Teil II: Personal führen und entwickeln“, Abschnitt 4.3)

4.3 Vorurteilsfreie Fehleranalyse

a) Welche Schlussfolgerungen sollte der Meister aus diesem Vorfall ziehen?

Bei Fehlern wird in der betrieblichen Praxis oft nach Erklärungen gesucht, die dem eigenen Selbstwert dienlich sind. Mit seiner ursprünglichen Erklärung schützt der Meister seinen eigenen Selbstwert. Eine Folge davon ist die Verkennung der Realität, die bisweilen so weit geht, dass der Betroffene selber von der Stichhaltigkeit der Erklärung überzeugt ist.

In unserem Fall wird sich der Meister den Fehler eingestehen müssen, um im Sinne der betrieblichen Zielerreichung den Fehler bei der nächsten Bestellung nicht mehr zu machen. Die Schuld für die Vertauschung lag bei ihm und nicht beim Lieferanten. Er sagt sich dann: Aus Fehlern wird man klug.

b) Welche Vorteile hat eine vorurteilsfreie Fehleranalyse?

Die vorurteilsfreie Analyse von Fehlern führt dazu, dass das nächste Mal der Fehler nicht mehr gemacht wird. Die Qualität eines Produkts oder einer Dienstleistung kann dadurch verbessert werden. Dies ist der Grundgedanke von Kaizen.

(Literaturhinweis: Lehrbuch „Personalmanagement - Teil II: Personal führen und entwickeln“, Abschnitte 4.4 und 9.1.2)

4.4 Situationsbezogene Maßnahme: „Stress“

Tipp: Machen Sie zunächst Übung 4.5 (Seite 33), bevor Sie die Aufgabe lösen.

Wie können Sie dazu beitragen, dass der Stress vermindert wird?

Stress als psychische und physische Anpassungsreaktion bei Belastungen wird durch persönliche Erfahrungen ausgelöst. Der Teamleiter fühlt sich der Situation nicht gewachsen. Arbeitsdruck zusammen mit der kritischen Verkehrssituation führen zu Stress. In solchen Situationen ist der Teamleiter hektisch und nervös.

Vorausgesetzt, dass der Betriebsleiter nicht selber hektisch und nervös ist, kann er durch sein ruhiges und ausgeglichenes Verhalten für den Teamleiter und damit für die ganze Gruppe ein Vorbild sein, das die Wahrnehmung der Betroffenen nachhaltig positiv beeinflusst, wenn er zum Beispiel selber auf eine Baustelle mitgeht und den anderen zeigt, wie man adäquat mit Stress umgeht.

Daneben gibt es eine einfache Methode, wie der Teamleiter bei sich eine Entspannungsreaktion auslösen kann: Er konzentriert sich auf etwas (z. B. den eigenen Atem oder auf ein Wort) und nimmt eine passive Haltung gegenüber eindringenden und ablenkenden Gedanken ein.

(Literaturhinweis: Lehrbuch „Personalmanagement - Teil II: Personal führen und entwickeln“, Abschnitt 4.5)

5. Führen

5.1 Führungseigenschaften: Der neue Filialleiter

a) Auf welche Führungseigenschaften sollte die Geschäftsführerin achten?

Von den im OCEAN-Modell benannten Faktoren sind insbesondere die Extraversion, die Offenheit und die Gewissenhaftigkeit eines Vorgesetzten für den Führungserfolg ausschlaggebend.

Extravertierte gehen auf die Mitarbeiter zu, sind durchsetzungsfähig, haben gute soziale Fertigkeiten und können Emotionen ausdrücken.

Personen mit einer stark ausgeprägten Gewissenhaftigkeit planen und organisieren gut, ihr Leistungsstreben ist stark ausgeprägt, und sie sind selbstdiszipliniert.

Offene Personen sind flexibel und stehen dem Neuen und dem Wandel aufgeschlossen gegenüber.

Bei den psychologischen Typen sind es Personen, die Extraversion, Intuition, Denken und Urteilen bevorzugen.

b) Wie beurteilen Sie die Entscheidung für Oliver Adam? Was wird den Ausschlag dafür gegeben haben, dass sich die Geschäftsführerin für Oliver Adam entschieden hat?

Beide Kandidaten sind für die Tätigkeit fachlich sehr gut qualifiziert, sodass persönliche Eigenschaften bei der Entscheidung den Ausschlag gegeben haben.

Paul Simon verzeichnet Extraversion und Offenheit für Neues als Pluspunkt. Demgegenüber überzeugt Oliver Adam durch seine Gewissenhaftigkeit.

Die Geschäftsführerin muss daher bei beiden im Hinblick auf das Anforderungsprofil Abstriche machen. Am besten wäre es, wenn der ideale Bewerber Extraversion, Offenheit und Gewissenhaftigkeit als persönliche Voraussetzungen für den Job mitbrächte.

Sie entscheidet sich für den eher ruhigen, aber zuverlässigen Oliver Adam, der die Aufgaben genau einteilt und sie zuverlässig erledigt, da sich die Filiale 30 Kilometer von der Zentrale entfernt befindet und die Möglichkeiten der Kontrolle eingeschränkt sind.

5.2 Transformationale Führung

Tipp: Füllen Sie zunächst den Fragebogen 5.8 (Seite 39) aus, bevor Sie die Fragen beantworten.

a) Welche Verhaltensweisen muss er als Vorgesetzter zeigen, damit die Neuausrichtung des Betriebs gelingt?

Er muss Vorbild sein.

Konrad Schuhmacher muss in fachlicher wie persönlicher Hinsicht Vorbild sein und seine persönlichen Interessen den betrieblichen hintenanstellen. Das Wohl des Betriebs und der Mitarbeiter steht im Vordergrund. Er lebt seine neue Unternehmensphilosophie vor. Er strahlt Vertrauen und Stärke aus.

Er muss seine Mitarbeiter inspirieren.

Er spricht voller Begeisterung über die neuen Ziele, ist optimistisch und zuversichtlich, dass die Ziele erreicht werden.

Er muss ihnen seine neue Sicht- und Denkweise vermitteln können.

Schuhmacher überzeugt seine Mitarbeiter davon, das Bäckerhandwerk aus einem anderen Blickwinkel zu sehen. Das Bäckerhandwerk hat eine gute Zukunftsperspektive, wenn die Kunden positiv überrascht werden und die Kundenorientierung gelebt wird.

Er muss seine Mitarbeiter fördern.

Schuhmacher nimmt sich die Zeit, seine Mitarbeiter zu fördern, gibt ihnen ein Feedback über ihr Verhalten und zeigt ihnen, wie man Stärken aus- und Schwächen abbaut.

b) Worauf muss er großen Wert legen, damit er sein Ziel erreicht?

Die Transformation des Betriebs steht und fällt mit seinem Führungsstil. Ist er Vorbild und kann er den Mitarbeitern die neue Sicht- und Denkweise übermitteln, gelingt der Wandel, und Kurt Schumacher hat Erfolg.

5.3 Führungsstile bestimmen

a) Um welchen Führungsstil im Verhaltensgitter handelt es sich?

Der Führungsstil von Andreas Maier ist stark aufgaben- und mitarbeiterorientiert. Im Verhaltensgitter ist dies mit 9.9 bezeichnet.

b) Welche Wirkungen wird der Führungsstil haben?

Die starke Aufgaben- und Mitarbeiterorientierung macht die Erreichung der betrieblichen Ziele möglich und führt zur Zufriedenheit der Mitarbeiter. Dadurch macht er seine Gruppe zu einem Team, in dem alle am gleichen Strang ziehen.

5.4 Führungsstile: Der neue Führungsstil

a) Wo würden Sie den jetzigen Führungsstil von Sven Vogel im Verhaltensgitter lokalisieren? Begründen Sie Ihre Einschätzung.

Der Führungsstil von Sven Vogel ist sehr sachorientiert. Er delegiert die Aufgabe, der Mitarbeiter muss sie erledigen; bei Fehlern folgt unmittelbar die Kritik. Im Verhaltensgitter wird der Führungsstil als 9.1 (hohe Aufgaben- und geringe Mitarbeiterorientierung) beschrieben. Die persönlichen Beziehungen werden auf ein Minimum reduziert.

b) Welchen Führungsstil sollte er nach dem Verhaltensgitter anstreben? Beschreiben Sie konkrete Verhaltensweisen.

Auf dem Weg zu einem stark aufgaben- und mitarbeiterorientierten Stil sollte er zunächst seine Mitarbeiterorientierung und das Betriebsklima verbessern. Er kann zum Beispiel seine Zufriedenheit mit der Arbeit der Mitarbeiter zeigen oder sie verantwortlich bei Entscheidungen mitwirken oder sie selbstständig entscheiden lassen.

(Literaturhinweis: Lehrbuch „Personalmanagement - Teil II: Personal führen und entwickeln", Abschnitte 5.4 und 2.1)

5.5 Situativ führen I: Der gut eingearbeitete Mitarbeiter

Beantworten Sie die Fragen anhand des situativen Führungsmodells.

a) Wie wird die Malermeisterin den Bereitschaftsgrad des Mitarbeiters einschätzen?

Der neue Mitarbeiter hat sich in die klassischen Malerarbeiten gut eingearbeitet. Die Malermeisterin hat ihn dabei angeleitet. Es ist zu erwarten, dass er unter ihrer Anleitung auch die schwierigere Aufgabe gut erledigt. Der Mitarbeiter ist zwar motiviert, hat jedoch noch nicht das für die Arbeit notwendige Können.

Die Malermeisterin geht vom Bereitschaftsgrad R 2 aus.

b) Welchen Führungsstil sollte die Malermeisterin wählen? Begründen Sie Ihre Einschätzung.

Die Malermeisterin wird den integrierenden Führungsstil („Selling") wählen. Bei diesem Stil weist die Malermeisterin ihren neuen Mitarbeiter ein, zeigt, wie es gemacht wird, und bemüht sich um ihn. Sie möchte ihn in den Betrieb integrieren.

(Literaturhinweis: Lehrbuch „Personalmanagement - Teil II: Personal führen und entwickeln", Abschnitt 5.5)

5.6 Situativ führen II: Die neue Sonnenschutzanlage

Beantworten Sie die Fragen anhand des situativen Führungsmodells.

a) Wie schätzen Sie den Bereitschaftsgrad von Carlo Schlau ein?

Carlo Schlau hat das für die Installation einer steuerungs- und regelungstechnisch anspruchsvollen Sonnenschutzanlage notwendige Wissen und Können und die Bereitschaft, es unter Beweis zu stellen. Meister Wild geht bei ihm von einem Bereitschaftsgrad R 4 aus.

b) Welchen Führungsstil sollte Meister Wild wählen?

Meister Wild wählt den delegativen Stil („Delegating"). Die Aufgabe wird delegiert, der Mitarbeiter erledigt die Aufgabe selbstständig, die Einflussnahme des Vorgesetzten auf den Mitarbeiter ist auf ein Minimum beschränkt. Meister Wild überlässt Carlo Schlau „den Ball" und vertraut auf dessen Fähigkeiten. Er geht davon aus, dass das selbstständige Arbeiten ein hoher Ansporn für Carlo Schlau ist.

(Literaturhinweis: Lehrbuch „Personalmanagement - Teil II: Personal führen und entwickeln", Abschnitte 5.5 und 1.2)

5.7 Situativ führen III: Das neue Softwareprogramm

Beantworten Sie die Fragen anhand des situativen Führungsmodells.

a) Wie schätzen Sie den Bereitschaftsgrad des Mitarbeiters ein?

Der Heizungsmonteur hat zwar das notwendige Können, ist jedoch unsicher. Seine Bereitschaft, sich in den Betrieb einzubringen, ist hoch. Der Vorgesetzte geht von einem Bereitschaftsgrad R 3 aus.

b) Welcher Führungsstil ist angebracht?

Der Vorgesetzte wendet den partizipierenden Stil an („Participating"). Der Stil wird bei einem mittleren bis hohen Bereitschaftsgrad vorgeschlagen. Der Mitarbeiter weiß, was, wann und wie die Aufgabe zu erledigen ist, traut sich aber nicht zu, die Aufgabe allein zu erledigen. Der Vorgesetzte hat als Personalentwickler die Aufgabe, ihn zu ermutigen und dahin zu bringen, dass er die Aufgabe selbstständig ausführt.

(Literaturhinweis: Lehrbuch „Personalmanagement – Teil II: Personal führen und entwickeln", Abschnitt 5.5)

6. Management – Managementaufgaben bewältigen

Tipp: Machen Sie zunächst Übung 6.11 (Seite 45), bevor Sie die Aufgaben lösen.

6.1 Ziele setzen: Smarte Ziele I

a) Hat dieses „Ziel“ eine positive Wirkung auf das Leistungsverhalten der Mitarbeiter? Welchen Anforderungen müssen Ziele entsprechen?

Das von ihm formulierte „Ziel“ hat nur eine eingeschränkt positive Wirkung, da es den Anforderungen an die Zielbeschreibung nur teilweise genügt. Nach der SMART-Formel müssen spezifische, genaue und klare Zielangaben gemacht werden. Die Angaben müssen mess- und überprüfbar sowie erreichbar sein. Auch müssen die Ziele Terminangaben enthalten. Wenn die Ziele ungenau beschrieben sind, ist die Produktivität geringer.

b) Wie müsste das Ziel formuliert sein?

Zusammen mit seinen Mitarbeitern sollte der Betriebsleiter sein Ziel genauer beschreiben. Er muss zumindest den Ist-Zustand beschreiben.

Die Lagerkosten müssen reduziert werden ausgehend vom Bestand am 31.12. dieses Jahres. Dabei wird die Bewertung der Einkaufsteile und der Fertigwaren/Halbfabrikate zugrunde gelegt.

Dann muss er zusammen mit den Mitarbeitern festlegen, um wie viel Prozent der Lagerbestandswert bis wann gesenkt werden soll.

Betriebsleiter Walter und seine Mitarbeiter legen fest, dass der Lagerbestandswert bis Ende des kommenden Jahres um 20 % gesenkt werden soll.

(Literaturhinweis: Lehrbuch „Personalmanagement – Teil II: Personal führen und entwickeln“, Abschnitt 6.2)

6.2 Ziele setzen: Smarte Ziele II

Formulieren Sie das „Ziel“ zu einem smarten Ziel um.

Auch dieses Ziel hat eine geringe oder gar keine positive Wirkung, da es zu „schwammig“ formuliert ist. Der Unternehmer muss beschreiben, woran er das Betriebsklima festmachen will. Hier bieten sich objektive Faktoren an: Zahl der Kündigungen und Zahl der Mitarbeiterbeschwerden.

Ausgehend vom derzeitigen Stand wird er dann angeben, dass in der Planungsperiode die Zahl der Kündigungen und Mitarbeiterbeschwerden im Betrieb um einen bestimmten Prozentsatz zurückgehen soll.

Unternehmer Müller formuliert jetzt zusammen mit seinem Betriebsleiter:

„Wir wollen die Zahl der Kündigungen von derzeit 15 % auf 5 % (natürliche Fluktuation) verringern. Die Zahl der Mitarbeiterbeschwerden, die im letzten Jahr 20 betrug, soll auf 5 reduziert werden. Dies soll bis Ende des nächsten Jahres geschehen."

(Literaturhinweis: Lehrbuch „Personalmanagement - Teil II: Personal führen und entwickeln", Abschnitt 6.2)

6.3 Ziele setzen: Smarte Ziel III

Formulieren Sie das „Ziel" zu einem smarten Ziel um.

Der Betriebsleiter kann zusammen mit seinen Mitarbeitern das Ziel konkretisieren, indem er angibt, in welchem Zeitraum die Kundenreklamationen verringert werden sollen.

Betriebsleiter und Mitarbeiter konkretisieren das Ziel: „Die Reklamationsquote von derzeit 19 % soll bis Ende nächsten Jahres auf 10 % zurückgeführt werden. Im darauf folgenden Jahr soll sie nur noch 5 % betragen."

(Literaturhinweis: Lehrbuch „Personalmanagement - Teil II: Personal führen und entwickeln", Abschnitt 6.2)

6.4 Aufgaben planen: Schwachstellen im Vorhinein erkennen

Auf welche Aspekte der Aufgabenplanung seiner Meister sollte er besonders achtgeben?

- Die anfallenden Tätigkeiten sollten vollständig, präzise, prägnant und aktionsorientiert beschrieben werden, damit sie beobachtbar sind. Dabei wird zwischen wiederkehrenden und neu anfallenden Tätigkeiten unterschieden.
- Die Meister sollen die Dauer (Länge) der Aufgabenerledigung realistisch einschätzen.
- Die Meister müssen einen Puffer für Unvorhergesehenes einplanen, der realistisch ist.
- Bei der Prioritätensetzung müssen sie die Möglichkeit der Delegation von Aufgaben einbeziehen.
- Auch die Möglichkeit, dass Unerledigtes übertragen werden muss, ist von den Meistern einzukalkulieren.

(Literaturhinweis: Lehrbuch „Personalmanagement - Teil II: Personal führen und entwickeln, Abschnitt 6.3)

6.5 Welche Aufgaben können delegiert werden?

a) Welche Aufgaben kann der Inhaber delegieren? Bitte stichwortartig erläutern!

- Inspektionen (Routineaufgabe).
- Auszeichnen von Ausstellungsfahrzeugen (Routineaufgabe).
- Problemfalldiagnose (Motorelektronik; Aufgabe, die Spezialwissen erfordert).
- Aktualisieren des Zubehörangebots (Routineaufgabe).
- Stücklisten erstellen (Routinetätigkeit).
- Aufbereitung der Gewinn-und-Verlust-Rechnung (vorbereitende Tätigkeit).

b) Welche Aufgaben kann er nicht delegieren? Begründen Sie Ihre Einschätzung stichwortartig.

- Neue Firmenstrategie bestimmen (gehört zur Unternehmensführung).
- Mitarbeitergespräche (gehört zur Mitarbeiterführung).
- Firmenerweiterung (gehört zur Unternehmensführung).
- Investitionen planen (gehört zur Unternehmensführung).
- Fusion mit Nachbarbetrieb planen (gehört zur Unternehmensführung).
- Kritikgespräche mit Mitarbeitern führen (gehört zur Mitarbeiterführung).

(Literaturhinweis: Lehrbuch „Personalmanagement - Teil II: Personal führen und entwickeln“, Abschnitt 6.4)

6.6 Wie soll kontrolliert werden?

Tipp: Machen Sie zunächst Übung 6.12 (Seite 46), bevor Sie die Aufgabe lösen

Wie sollte sie kontrollieren? Begründen Sie Ihre Einschätzung.

Gute Führungskräfte beobachten das Leistungsverhalten bis zu 50 % länger als schwache Führungskräfte; sie haben dementsprechend mehr Informationen über die Qualität der Dienstleistungen. Sie bevorzugen Stichprobenkontrollen. Schwache Vorgesetzte machen diese weniger. Ablauf- und Ergebniskontrollen werden von Mitarbeitern eher akzeptiert als die Kontrolle von Verhaltensweisen.

Die Vorgesetzte sollte daher die Aufgabenerfüllung stichprobenhaft kontrollieren. Dabei sollte sie den Schwerpunkt auf den Arbeitsablauf und die Arbeitsergebnisse legen.

(Literaturhinweis: Lehrbuch „Personalmanagement - Teil II: Personal führen und entwickeln“, Abschnitt 6.5)

6.7 Konstruktiv kritisieren

a) Wann und wie sollte Sascha Winter dem Mitarbeiter ein Feedback geben?

Sascha Winter sollte das Leistungsverhalten und nicht die Person des Kundenbetreuers kritisieren. Das Verhalten muss konkret, beobachtbar und genau beschrieben werden. So weiß der Kundenbetreuer, was er richtig gemacht und was er zu verbessern hat.

Der Kunde lobt die Sach- und Fachkenntnis des Betreuers, der ihn beim Reifenkauf beraten hat. Diesen positiven Aspekt des Verhaltens des Kundenbetreuers muss Sascha Winter auf jeden Fall anerkennend würdigen.

Andererseits ist das herablassende Verhalten dem Kunden gegenüber nicht zielführend. Der Kunde kann jederzeit in eine andere Werkstatt gehen.

Sascha Winter muss diesbezüglich bei seinem Mitarbeiter eine Verhaltensänderung anstoßen, damit das unerwünschte Verhalten nicht mehr oder nicht mehr so häufig eintritt.

b) Wie sollte er vorgehen, damit der Mitarbeiter dem älteren Kunden das nächste Mal nicht mehr herablassend zeigt, wie man die Einstellung zurücksetzt?

Hier bietet sich die konstruktive Kritik an. Der Vorgesetzte macht aus einem Kritikgespräch ein Problemlösungsgespräch. Zunächst fragt er sich: Was ist an dem Arbeitsergebnis positiv? Danach kommen die entscheidende Frage: Was kann/muss verbessert werden? Wie kann man es besser machen?

Die Sachinformation, die der Kundenbetreuer gibt, ist in Ordnung. Was er besser machen kann, ist, seinen Tonfall zu ändern und den älteren Kunden nicht wie ein Kind zu behandeln.

Wie man das macht, kann Sascha Winter vormachen oder das erwünschte Verhalten exakt beschreiben. Dabei hilft die Transaktionsanalyse. Bei der parallelen Transaktion auf der Erwachsenen-Ebene kommuniziert der Kundenbetreuer dann störungsfrei.

Der Kundenbetreuer sagt zum Kunden zum Beispiel respektvoll: „Ich würde Ihnen gern zeigen, wie man die Einstellungen zurücksetzt. Haben Sie einen Moment Zeit?“

(Literaturhinweis: Lehrbuch „Personalmanagement - Teil II: Personal führen und entwickeln“, Abschnitt 6.6)

6.8 Unerwünschtes Verhalten löschen

Wie kann er vorgehen, um die Verhaltensweise zu löschen?

Das Hänseln ist eine unerwünschte Verhaltensweise, die im Betrieb nichts zu suchen hat. Sie stört die Ausbildung, und der Ausbildungsleiter möchte sie unterbinden. Eine oft verwendete Methode ist, dass ein Meister dem Auszubildenden droht oder ihn gar bestraft („Ich möchte so etwas nie wieder erleben").

Beim „Löschen" geht der Ausbildungsleiter anders vor. In einem Gespräch mit den anderen Auszubildenden wirkt er darauf hin, dass diese den hänselnden Auszubildenden nicht mit Lachen „belohnen". Er macht den Auszubildenden klar, dass Hänseln ein betriebsschädigendes Verhalten ist und er das Hänseln gar nicht gut findet. Jedes Mal, wenn es auftritt, können die anderen Auszubildenden es stoppen, indem sie nicht lachen.

(Literaturhinweis: Lehrbuch „Personalmanagement - Teil II: Personal führen und entwickeln", Abschnitt 6.6)

6.9 Anerkennen

Tipp: Machen Sie zunächst Übung 6.10 (Seite 44), bevor Sie die Aufgabe lösen

Nehmen Sie zu dieser Aussage Stellung!

Die Aussage beschreibt eine Verhaltensweise, die zwar gut gemeint, aber im Hinblick auf die Mitarbeiterführung unwirksam ist. Die Führungsaufgabe des Meisters besteht darin, verhaltensabhängig zu loben oder zu kritisieren. Damit kann Einfluss auf Verhalten und Motivation der Mitarbeiter genommen werden.

Wenn z. B. die angelernten Mitarbeiter in seiner Werkstatt einen neuen Reifensatz korrekt und zur Zufriedenheit des Kunden montiert haben, ist Lob angesagt. Wenn diese jedoch zwei in Laufrichtung und die anderen zwei in umgekehrter Richtung montiert haben, besteht die Aufgabe des Meisters darin, das erwünschte Verhalten durch Lob zu stärken und das unerwünschte Verhalten zu korrigieren.

(Literaturhinweis: Lehrbuch „Personalmanagement - Teil II: Personal führen und entwickeln", Abschnitt 6.6)

7. Konflikte im Unternehmen bewältigen

7.1 Dysfunktionale Konflikte

Beschreiben Sie die Folgen dieses dysfunktionalen Konflikts.

Im Unterschied zu funktionalen Konflikten haben dysfunktionale für den Betrieb negative Konsequenzen. Sie rauben Zeit, führen zu unerwünschten Emotionen und sind unter dem Strich kostspielig.

Die beiden zerstrittenen Gewerke streiten, und der Streit endet damit, dass ein Gewerk die Baustelle verlässt. Es ist zu erwarten, dass sich die Konfliktparteien meiden, ohne den Konflikt zu lösen. Dies bedeutet für Meister Anton, dass er weiterhin neu planen muss und Termine nicht einhalten kann. Damit sind für ihn unnötige Kosten verbunden. Meister Berger macht einen Ansatz zur Konfliktlösung, der andere ist jedoch so stark verärgert, dass er nicht darauf eingeht. Eine mögliche Kooperation findet nicht statt.

(Literaturhinweis: Lehrbuch „Personalmanagement – Teil II: Personal führen und entwickeln", Abschnitt 7.1)

7.2 Kooperative Konfliktregelung: Der Brückentag

Tipp: Machen Sie zunächst Übung 7.4 (Seite 49), bevor Sie die Aufgabe lösen.

a) Wie würde er vorgehen, wenn er den Konflikt autoritär lösen würde? Etwa wie beim „Laissez-faire-Stil"?

Meister Bauer würde die Methode I anwenden. Autoritär würde er – ohne mit den Mitarbeitern zu sprechen – bestimmen, dass z. B. Mitarbeiter Huber den Brückentag bekommt. Vielleicht sagt er sich, dieses Jahr bekommt Huber, das nächste Mal Wenzel den Brückentag. Mitarbeiter Wenzel reagiert darauf zunächst einmal mit Unverständnis oder Frustration.

Beim Laissez-faire-Stil würde er sich heraushalten und den beiden sagen: „Ihr müsst euch einigen, gebt mit Bescheid, zu welchem Ergebnis ihr gekommen seid." (Methode II)

Auf Dauer führt dieser Stil zu einem Autoritätsverlust und zum Nachlassen der Gruppenleistung.

b) Wie sollte der Meister vorgehen? Schildern Sie die kooperative Konfliktregelung in diesem Fall.

Bei der kooperativen Konfliktregelung werden Konflikte als Probleme definiert. Damit die Regelung erfolgreich ist, geht man stufenweise vor.

Das Meister definiert das Problem: Die beiden Mitarbeiter Huber und Wenzel haben den kommenden Freitag als Brückentag beantragt. Aufgrund der Auftragslage und des Termindrucks kann nur einer der beiden Mitarbeiter den Brückentag nehmen (Soll-Ist-Abweichung).

Nun folgt die Stufe, in der Lösungsvorschläge entwickelt werden. Die Mitarbeiter werden einbezogen und machen Vorschläge. Beispielsweise kommt der Vorschlag, dass einer den kommenden Brückentag bekommt. Der andere wird beim nächsten Brückentag oder bei der Urlaubsplanung im Sommer bevorzugt.

Die Beteiligten wägen im nächsten Schritt die Vor- und Nachteile des Vorschlags ab. Dabei können die Mitarbeiter ihre persönlichen Bedürfnisse artikulieren.

Mitarbeiter Huber hat Kinder im schulpflichtigen Alter, Mitarbeiter Wenzel ist Junggeselle. Mitarbeiter Huber sagt, dass für ihn der Sommerurlaub Priorität hat und er auf den Brückentag verzichten würde, wenn gewährleistet sei, dass er in den Schulferien im Sommer Urlaub bekommt.

Der Meister und seine beiden Mitarbeiter entscheiden sich für diese Lösung und realisieren sie.

(Literaturhinweis: Lehrbuch „Personalmanagement - Teil II: Personal führen und entwickeln“, Abschnitt 7.5)

8. Betriebliche Kommunikation gestalten

8.1 Die Formel zur Ermittlung der Ungewissheit nutzen

Welche Ungewissheit hat der Mitarbeiter vor dem ersten Arbeitstag? Beschreiben Sie wichtige Aspekte der Ungewissheit.

Ungewissheit des Mitarbeiters liegt z. B. in Fragen wie:

- Was ist mit meinem Arbeitsvertrag? Ich habe noch keinen Arbeitsvertrag bekommen.
- Wer empfängt mich am ersten Tag?
- Wann werde ich am ersten Tag erwartet?
- Wo werde ich am ersten Tag erwartet?
- Wo kann ich mich über das Unternehmen informieren? Gibt es nähere Unterlagen zum Unternehmen?
- Wo ist mein Arbeitsplatz?
- Habe ich einen eigenen PC/Telefon/E-Mail-Account?
- Welche weiteren Arbeitsmaterialien/Kommunikationsmittel erhalte ich?
- Bekomme ich eine Zugangskarte/Schlüssel?
- Wer sind meine Kollegen/Kolleginnen?
- Wer wird mich einarbeiten?
- Bekomme ich ein Namensschild?

(Literaturhinweis: Lehrbuch „Personalmanagement – Teil II: Personal führen und entwickeln“, Abschnitt 8.1)

8.2 Wer hat das Problem?

Um welchen Problemtyp handelt es sich und mit welcher Gesprächstechnik kann er darauf reagieren?

Augenoptikermeister Bernd sieht sich zum wiederholten Male damit konfrontiert, dass sein neuer Mitarbeiter Daniel Meyer ihm unsachlich widerspricht und bummelt. Hier hat der Meister das Problem und muss eingreifen. Dabei bieten sich Ich-Botschaften an.

Seine Mitarbeiterin Tanja Schnell kommt mit der ihr zugewiesenen Arbeit nicht zurecht und bittet um Hilfe. Die Mitarbeiterin hat das Problem. Aktives Zuhören ist angesagt.

Schließlich beschwert sich der Auszubildende über seine Kollegen. Der Auszubildende hat das Problem, und damit ist das aktive Zuhören die geeignete Gesprächstechnik.

(Literaturhinweis: Lehrbuch „Personalmanagement – Teil II: Personal führen und entwickeln“, Abschnitt 8.3)

8.3 Kommunikationsfertigkeiten: Ich-Botschaften

Ein Mitarbeiter kommt zu spät zur Arbeit, sodass die Arbeitsgruppe nicht vollständig ist und auf ihn warten muss. Der Vorgesetzte sagt vorwurfsvoll: „Muss man denn immer zu spät kommen!?“

Formulieren Sie dazu die Ich-Botschaft!

„Heute Morgen kamen Sie statt 7.00 Uhr um 7.15 Uhr, sodass wir nicht sofort zur Baustelle fahren konnten. Das hat mich geärgert, weil wir pünktlich dort sein müssen, um unser Tagespensum zu erreichen.“

Ein Mitarbeiter fällt einem Kunden permanent ins Wort. Der Vorgesetzte sagt nach dem Gespräch vorwurfsvoll: „Sie haben von Kundenfreundlichkeit keine Ahnung.“

Formulieren Sie dazu eine Ich-Botschaft!

„Sie haben gar nicht gemerkt, dass Sie dem Kunden häufig ins Wort gefallen sind und dass der Kunde darüber verärgert war. Ich habe schon befürchtet, dass wir den Auftrag nicht bekommen. Bitte fallen Sie dem Kunden nicht ins Wort. Ändern Sie Ihr Verhalten im Interesse des Betriebs und in Ihrem eigenen Interesse.“

Ein Fahrer bekommt viele Strafzettel. Der Vorgesetzte sagt zu ihm: „Passen Sie auf, sonst gibt es ein böses Ende.“

Formulieren Sie dazu eine Ich-Botschaft!

„Ich bin beunruhigt über die vielen Strafzettel, die Sie im letzten Vierteljahr bekamen. Wie Sie selber wissen, ist eine Voraussetzung für Ihre Fahrtätigkeit der Führerschein. Ich würde nur ungern einen guten Mitarbeiter aus diesem Anlass verlieren.“

(Literaturhinweis: Lehrbuch „Personalmanagement – Teil II: Personal führen und entwickeln“, Abschnitt 8.3)

8.4 Kommunikationsfertigkeiten: Aktiv Zuhören

Eine Mitarbeiterin sagt: „Ich versteh das nicht, das neue Programm berechnet schon wieder den Steuersatz falsch."

Formulieren Sie Ihre aktive Zuhörreaktion.

„Das neue Programm berechnet den Steuersatz nicht richtig. Welche Fehler traten im Einzelnen auf?" (Wiederholung des Gesagten, weiterführende Frage)

Ein Mitarbeiter sagt: „Mit dem (einem Kollegen) rede ich nicht mehr. Der schwärzt mich immer an."

Formulieren Sie Ihre aktive Zuhörreaktion.

„Sie sind über den Kollegen wütend?" (Benennung eines Gefühls) oder: „Was hat er gemacht?" (klärende Frage)

Ein Kunde sagt: „Wie lange sind Sie eigentlich in der Branche schon tätig?"

Formulieren Sie Ihre aktive Zuhörreaktion.

„Meinen Sie, dass ich neu in der Branche bin?" (klärende Frage)

(Literaturhinweis: Lehrbuch „Personalmanagement – Teil II: Personal führen und entwickeln", Abschnitt 8.3)

8.5 Korrekte Wiedergabe von Informationen

Ein Fahrer beschwert sich bei seinem Chef, weil er sich bei der Kfz-Zuteilung ungerecht behandelt fühlt. Er fordert, bei der nächsten Neuanschaffung eines Wagens vorrangig berücksichtigt zu werden. Sein Chef findet die Forderung berechtigt.

Treffen die nachstehenden Aussagen zu oder nicht zu? Sind sie mit den verfügbaren Informationen nicht eindeutig zu beantworten?

Ein Kraftfahrer beschwert sich, weil er immer die ältesten Autos fahren muss. Dies trifft nicht zu.

Der Fuhrparkleiter teilt die Kfz ungerecht zu. Diese Aussage lässt sich mit den verfügbaren Informationen nicht belegen.

Der Fahrer fordert, bei der nächsten Neuanschaffung vor anderen berücksichtigt zu werden. Das steht im Text.

Der Fuhrparkleiter verspricht ihm den nächsten neuen Wagen. Dies ist mit den verfügbaren Informationen nicht eindeutig zu beantworten.

Der Fuhrparkleiter findet die Forderung nicht gerechtfertigt. Dies trifft nicht zu.

(Die Übung ist entnommen: Oswald Neuberger: Miteinander arbeiten - miteinander reden. München)

8.6 Die vier Seiten einer Aussage

Wie könnte die Mitarbeiterin die Aussage aufnehmen? Ziehen Sie dazu das Vierseitenmodell heran.

Hört die Mitarbeiterin auf dem sachlichen Ohr, könnte sie hören: Brauchen Sie Hilfe?

Sie hat ein Problem, und er - der Vorgesetzte - möchte ihr helfen.

Durch sein nonverbales Verhalten - er ist gestresst - könnte die Mitarbeiterin der Aussage auch entnehmen: „Ich fühle mich gestört."

Und damit liegt der Lenkungsaspekt der Aussage nahe: „Machen Sie es kurz, damit ich weiterarbeiten kann."

Der Vorgesetzte verwendet in seiner Aussage das Wort „wir", was so gedeutet werden kann, dass er sich väterlich um sie kümmert. Oder aber: Er spricht sich die Rolle des Höherrangigen zu und verweist sie in die Rolle der Untergebenen.

(Literaturhinweis: Lehrbuch „Personalmanagement - Teil II: Personal führen und entwickeln", Abschnitt 8.5)

9. Betriebliche Arbeits- und Entgeltsysteme entwickeln

9.1 Das Motivationspotenzial einer Tätigkeit bestimmen

Auf welche Merkmale motivierender Arbeit muss er achten?

Welche Bedeutung haben diese Merkmale bei den Verkaufs-/Beratungs- bzw. Werkstatttätigkeiten?

Wesentliche Merkmale einer motivierenden Arbeit sind:

- **Tätigkeits- bzw. Anforderungsvielfalt**
Fordern die Aufgaben die verschiedensten Fähigkeiten und Fertigkeiten der Optikerinnen (motorische, soziale/emotionale, geistige)? Die Tätigkeiten sowohl in der Beratung als auch in der Werkstatt fordern von den Mitarbeiterinnen ein breites Spektrum an Fähigkeiten und Fertigkeiten. Sie sind gewissermaßen „herausfordernd".

Während in der Beratung und dem Verkauf neben Fachkenntnissen vor allem das Beziehungsmanagement mit den Schlüsselqualifikationen Einfühlungsvermögen und Gesprächsfertigkeit von Bedeutung ist, sind es in der Werkstatt neben motorischen Fähigkeiten wie Geschicklichkeit das technische Verständnis.

- **Ganzheitlichkeit der Aufgaben**
Die Mitarbeiterinnen können die Aufgaben von Anfang bis zum Ende durchführen. Sie beraten den Kunden, helfen ihm bei der Auswahl der Sehhilfe, machen Sehtests und können aus Halbfabrikaten die Brille anfertigen.

- **Wichtigkeit der Aufgaben**
Richtiges Sehen ist für das menschliche Leben sehr wichtig. Es handelt sich dabei um ein elementares Bedürfnis des Menschen. Dadurch bekommt die Tätigkeit der Optikerinnen einen unmittelbaren Sinn.

- **Selbstständigkeit/Autonomie**
Die Tätigkeiten in Verkauf/Beratung und der Werkstatt erlauben Selbstständigkeit, und damit ist auch der Verantwortungsspielraum groß. Bei der Durchführung der Arbeit haben die Mitarbeiterinnen Entscheidungsspielräume.

- **Feedback aus der Tätigkeit**
Im Verkauf bzw. in der Werkstatt bekommen die Optikerinnen aus der Tätigkeit direkte Rückmeldungen. Kunden äußern Lob oder Kritik, auch in der Werkstatt gibt es direkte Rückmeldungen aus der Arbeit, wenn

z. B. Brillengläser richtig eingepasst sind. Zudem wird der Meister ihnen in Gesprächen Feedback über ihre Leistungen geben.

In Gesprächen mit dem potenziellen Nachwuchs wird der Meister diese einzelnen Aspekte der Arbeit hervorheben.

(Literaturhinweis: Lehrbuch „Personalmanagement - Teil II: Personal führen und entwickeln“, Abschnitte 9.1, 4.1 und 10.1).

9.2 Empowerment

Beschreiben Sie wichtige Maßnahmen, die das „Empowerment“ der Mitarbeiter fördern.

Wenn der Inhaber nach und nach Verantwortung verbunden mit Kompetenz delegiert, kann er das Konzept von Empowerment umsetzen. Teilweise kann er den Filialen mehr Selbstständigkeit einräumen, da die Mitarbeiter vor Ort die Kunden und die Konkurrenzsituation besser kennen als die Zentrale, die räumlich entfernt ist.

Er kann Entscheidungskompetenzen an den Produktionsleiter (steuert Abläufe in der Backstube), an den Bereichsleiter Backwaren (koordiniert Backtätigkeiten im Filialbereich) und an die Bezirksleiter (Filialmanager, die im Verkauf Führungsverantwortung haben) delegieren, aber auch an die Bäckergesellen, Bäckergehilfen, Filialleiter/-innen und Verkäufer/-innen. Das Sortiment, die Ausbildung der Lehrlinge, die Einteilung der Schichtzeiten, Hygiene und Sauberkeit sowie die Sicherstellung von Qualität und Frische sind nur einige Punkte, die damit optimiert werden können.

Praktische Maßnahmen zur Umsetzung von Empowerment sind regelmäßige Mitarbeiterbesprechungen, die Führungskräfte selber oder ein Mitarbeiter moderieren.

Im Qualitätszirkel, bestehend aus unmittelbar tangierten Mitarbeitern, werden Prozesse und Produkte verbessert. Soll-Ist-Abweichungen werden dort, wo sie auftreten, am besten erkannt und beseitigt.

Zum Beispiel kann ein Qualitätszirkel „Teigmischerei“ eingerichtet werden, zu dem der Lagerchef, der Mehl und andere Zutaten bestellt, die Bäckereigesellen, die nach vorgegebenen Rezepten die Zutaten abwiegen und die Teige manuell bzw. mithilfe der Maschinen mischen, gehören. Auch können die Auszubildenden eingebunden werden, die ihr in der Berufsschule erlangtes Wissen einbringen. Sie alle arbeiten im Qualitätszirkel zusammen.

(Literaturhinweis: Lehrbuch „Personalmanagement - Teil II: Personal führen und entwickeln“, Abschnitte 9.1 und 10.3)

9.3 Ideenmanagement einführen

Auf welche Widerstände stößt er möglicherweise? Wie kann er die Widerstände überwinden?

Ideenmanagement – wenn es im Betrieb neu ist – stößt auf viele Hindernisse, die es zu kennen und aus dem Weg zu räumen gilt.

Widerstände vonseiten der Vorgesetzten: Oft empfinden Vorgesetzte Mitarbeitervorschläge als Kritik an der eigenen Arbeit. Sie sehen darin weniger den Nutzen für den Betrieb, sondern das Infragestellen der eigenen Person als Führungskraft. Spüren Vorgesetzte dann noch, dass das Unternehmen nur halbherzig hinter dem Vorschlagswesen steht, fühlen sie sich in ihrer Haltung bestärkt.

Der Bäckereiinhaber sollte daher den Nutzen für den Betrieb deutlich machen, aber auch den Führungskräften klarmachen, dass er voll und ganz hinter dem Ideenmanagement steht. Dies kann er in einer Betriebsversammlung machen.

Hemmungen der Mitarbeiter: Auch Mitarbeiter stehen oft zu Beginn dem Ideenmanagement skeptisch gegenüber. Sie befürchten, dass die Vorschläge nicht korrekt geprüft werden. Deshalb sollte der Inhaber einen Ausschuss einsetzen, der die Vorschläge objektiv begutachtet.

Ein Formular, das einfach gestaltet ist, kann helfen, dass die Mitarbeiter Vorschläge formulieren.

Missgunst von Kollegen: Ein vergiftetes Betriebsklima führt bisweilen dazu, dass wenige Vorschläge gemacht werden. Man möchte sich bei Kollegen nicht noch unbeliebter machen.

Der Inhaber kann seine Führungskräfte auffordern, auch außerhalb der Arbeitszeit Vorschläge entgegenzunehmen bzw. zu besprechen.

(Literaturhinweis: Lehrbuch „Personalmanagement – Teil II: Personal führen und entwickeln“, Abschnitt 9.1)

9.4 Arbeitszeit flexibel gestalten können

Welche Arbeitszeit- und Arbeitsmodelle schlagen Sie für die Berufseinsteiger, die jungen Väter und Mütter, die pflegenden Familienmitglieder und die Häuslebauer vor?

Voraussetzung für die flexiblen Arbeitszeitmodelle: Arbeitszeitkonten

Um die Arbeitszeit aufzustocken oder zu verringern - je nach der Lebenssituation der Mitarbeiter und Mitarbeiterinnen - bedarf es Arbeitszeitkonten.

Sie sind die Voraussetzung für die Anrechnung der Stunden und deren Verwaltung. So können die Beschäftigten entscheiden, ob sie z. B. 15 oder 40 Stunden pro Woche arbeiten wollen. Manche Firmen bieten an, dass bis zu 1.000 Stunden auf dem Konto angesammelt werden können. Die Mitarbeitenden müssen sich dabei in der Regel für zwei Jahre festlegen, um den Unternehmen Planungssicherheit zu gewährleisten.

Berufseinsteiger und Häuslebauer

Das Unternehmen vereinbart mit dem Berufseinsteiger eine längere Arbeitszeit, z. B. statt 35 Stunden 40 Stunden pro Woche. Die zusätzlichen 5 Stunden pro Woche werden dem Beschäftigten gutgeschrieben. Haben sich z. B. 500 Stunden angesammelt, kann er sie en bloc in Urlaub umwandeln.

Besteht ein Langzeitarbeitszeitkonto, kann der Mitarbeiter die angesammelten Stunden für ein Sabbatjahr verwenden.

Beim Häuslebauer, der auf Geld angewiesen ist, bringen die zusätzlichen Stunden zusätzlichen Verdienst und damit finanzielle Entlastung beim Hausbau.

Junge Väter und Mütter

Um mehr Zeit für die Familie zu haben, können junge Väter und Mütter die Arbeitszeit reduzieren, z. B. statt 35 Stunden 30 Stunden arbeiten. Dabei ist es möglich, die Zahl der Anwesenheitstage zu verringern.

Pflegende Familienmitglieder

Für pflegende Familienmitglieder bietet sich die Familienpflegezeit an. Bei der Familienpflegezeit können die Beschäftigten, die nahe Angehörige pflegen, ihre Arbeitszeit auf 15 Stunden der Wochenarbeitszeit reduzieren in einem Zeitraum von höchstens zwei Jahren.

(Literaturhinweis: Lehrbuch „Personalmanagement - Teil II: Personal führen und entwickeln", Abschnitt 9.2)

9.5 Monetäre und nicht monetäre Anreize situationsgerecht einsetzen können

Beschreiben Sie wichtige nicht monetäre Anreize, die er ins Auge fassen kann. Welche Voraussetzungen müssen erfüllt sein, damit sie wirken?

Darunter fallen alle Maßnahmen, die man schlagwortartig unter „Motivieren ohne Geld" zusammenfassen kann. Dazu zählen der Arbeitsinhalt als solcher, der anforderungsgerechte Arbeitsplatz, aber auch die Wahl der Arbeitszeit und die Aufstiegsmöglichkeiten. Voraussetzung für die Wirksamkeit der Anreize ist, dass sie unmittelbar mit der Arbeit und dem Arbeitsinhalt verknüpft sein müssen.

Die intrinsische Motivation der Mitarbeiter steigt damit, und bessere Arbeitsergebnisse werden erzielt.

(Literaturhinweis: Lehrbuch „Personalmanagement - Teil II: Personal führen und entwickeln", Abschnitt 9.3)

9.6 Das Äquivalenzprinzip anwenden

a) Welche Kriterien sind für den „gerechten" Lohn ausschlaggebend?

Seine Mitarbeiter müssen anforderungsgerecht bezahlt werden. Die Entgelthöhe orientiert sich an den Anforderungen. Schwierigere Tätigkeiten müssen besser bezahlt werden als einfache.

Die Leistung seiner Mitarbeiter am gleichen Arbeitsplatz ist unterschiedlich. Die erbrachte Leistung muss sich im Entgelt widerspiegeln. Aber die Bezahlung muss auch marktgerecht sein, da sich Mitarbeiter über die Entgelthöhe in anderen Firmen austauschen. In einem gewissen Maße muss zusätzlich die Sozialgerechtigkeit stimmen.

b) Welchen Vorteil haben die analytischen Verfahren?

Die analytischen Verfahren sind differenzierter als die summarischen. Für jede Anforderungsart werden Stufen beschrieben. Beispielsweise kann das Merkmal Verantwortung in Stufen genauer fixiert werden. Hat der Mitarbeiter eine finanzielle Verantwortung bis 1.000,- €, mehr als 1.000,- € oder mehr als 10.000,- €?

(Literaturhinweis: Lehrbuch „Personalmanagement - Teil II: Personal führen und entwickeln", Abschnitt 9.3)

10. Personal nachhaltig entwickeln

10.1 Die Schlüsselqualifikationen fördern

Welche Schlüsselqualifikationen wird Meister Dietz bei dem Neuen fördern müssen?

Der neue Mitarbeiter hat bislang Autos **eines** Automobilproduzenten repariert. Nun muss er Autos aller Marken reparieren. Waren seine Fachkenntnisse bislang in einem Bereich sehr profund, muss er sich jetzt Kenntnisse von vielen Modellen und Marken aneignen, d. h., er muss seine fachliche Kompetenz in dieser Hinsicht stärken. Auch die personale Kompetenz wird er stärken müssen. Mehr Selbstverantwortung ist gefragt. Konnte er bislang auf Spezialisten zurückgreifen, wenn es darum ging, ein kniffliges Problem zu lösen, ist er jetzt auf sich gestellt.

(Literaturhinweis: Lehrbuch „Personalmanagement – Teil II: Personal führen und entwickeln", Abschnitt 10.1)

10.2 Kompetenz-Check

Was enthält der Postkorb, und was wird dabei bewertet?

Beschreiben Sie den Postkorb als Übung eines Assessment Centers.

Eine typische Aufgabe ist der Postkorb. Die Teilnehmer werden dabei mit betrieblichen Problemstellungen und Entscheidungssituationen konfrontiert, die sie in der Regel innerhalb von einer Stunde lösen sollen.

Zu Beginn erhalten die Teilnehmer Informationen über das Unternehmen, die Aufgaben, die Kollegen und Mitarbeiter und ein Organigramm. Dadurch bekommen sie die Möglichkeit, sich in die Lage einer Fach- bzw. Führungskraft zu versetzen. Die Aufgaben müssen in der vorgegebenen Zeit gelöst werden, sodass aufgrund der Vielzahl in der Regel Zeitdruck entsteht.

Die Art und Weise der Bearbeitung des Postkorbs lässt Rückschlüsse auf das Planungsverhalten (z. B. Anwendung der Zeitmanagementtechniken), Problemlösungsverhalten, das Delegationsverhalten und das Arbeiten unter Zeitdruck zu.

Weiterhin gibt der Postkorb Aufschluss über die Belastbarkeit eines Teilnehmers.

(Literaturhinweis: Lehrbuch „Personalmanagement – Teil II: Personal führen und entwickeln", Abschnitte 10.2, 5.1, 4.3)

10.3 Brainstorming

Aus welchen Phasen besteht das Brainstorming, und worauf muss er bei der Durchführung achten?

Um die Mitarbeiter in die Verbesserung der Kundenzufriedenheit einzubeziehen, führt Udo Stark ein Brainstorming durch. Dadurch soll das kreative Potenzial der Mitarbeiter ausgeschöpft werden.

Udo Stark kennt die beiden aufeinanderfolgenden Phasen des Brainstormings. In der grünen Phase werden Ideen produziert, die in der roten Phase bewertet werden. Beide Phasen sollten nicht vermengt werden.

In der grünen Phase legt Udo Stark vier Spielregeln fest:

- Die Mitarbeiter sollen möglichst viele Ideen produzieren.
- Sie sollen die geäußerten Ideen nicht bewerten oder gar kritisieren.
- Die Teilnehmer sollen an die Ideen anderer anknüpfen.
- Die Ideen sollen schriftlich fixiert werden (z. B. mit Metaplankarten).

In der roten Phase lässt er die dokumentierten Ideen zur Verbesserung der Kundenzufriedenheit bewerten und daraus die drei besten Ideen auswählen.

(Literaturhinweis: Lehrbuch „Personalmanagement - Teil II: Personal führen und entwickeln“, Abschnitt 10.3)

10.4 Maßnahmen zur Sicherung des Fachkräftebedarfs

Welche Maßnahmen schlagen Sie dem Inhaber Hans Holt vor?

Um Personalengpässe zu vermeiden, wird das Elektro- und Lichthaus vor allem dafür sorgen müssen, dass das Arbeitsklima gut ist und die Mitarbeiter im Unternehmen bleiben. 90 % der Unternehmen sehen darin einen wichtigen Weg, um Mitarbeiter zu binden.

Z-Grundsätze sind ein wichtiger Baustein dafür, dass ein gutes Arbeitsklima im Betrieb herrscht. Hans Holt wird sich in seinem Betrieb von Z-Grundsätzen leiten lassen.

Er sieht in den Mitarbeitern den Schlüssel zum Unternehmenserfolg. Auch wenn er aufgrund der schwankenden Auftragslage keine ausdrückliche Zusage für eine feste Beschäftigung geben kann, verfolgt er die Politik, die Mitarbeiter langjährig zu beschäftigen. Das bringt er auch zum Ausdruck.

Dazu gehört, dass sein Betrieb ausbildet und die Auszubildenden bei entsprechender Qualifikation übernimmt. So wird ein Mitarbeiterstamm herangebildet, der in guten wie in schlechten Zeiten dem Unternehmen verbunden ist.

Grundlegende Entscheidungen wie z. B. die Geschäftserweiterung reifen nach intensiver Kommunikation mit den Mitarbeitern.

Die Pflege eines positiven Menschenbilds trägt auch zum guten Arbeitsklima bei. Hans Holt fördert das selbstständige Arbeiten der Mitarbeiter, lässt sie an wichtigen Aufgaben verantwortlich mitwirken und geht mit ihnen freundschaftlich um.

(Literaturhinweis: Lehrbuch „Personalmanagement - Teil II: Personal führen und entwickeln“, Abschnitte 10.4, 2.1 und 2.2)

III. Musterprüfungsaufgaben mit Lösungsvorschlägen

Aufgabe 1: Der Störenfried

Situationsbeschreibung

Meister Tobias Winter ist aufgebracht. Er möchte sich von einem Mitarbeiter trennen. Dieser hat ihm zum wiederholten Male vor der Gruppe widersprochen. Für Tobias Winter ist der Mitarbeiter Sebastian Benz ein Störenfried, bei dem er alles versucht hat, um ihn zur Vernunft zu bringen. Er sieht alle Beeinflussungsmöglichkeiten ausgeschöpft und sendet seinem Betriebsleiter eine Mail, in der er fordert, den Mitarbeiter Benz zu entlassen.

Der Betriebsleiter, der vorher Vorgesetzter von Benz war, kennt Benz von früher als leistungsstarken, extravertierten und sachorientierten Facharbeiter, der bisweilen sachlich widerspricht und der nicht ganz einfach zu führen ist. Auch als er Vorgesetzter von Benz war, hat Benz ihm aus sachlichen Gründen bisweilen vor der Gruppe widersprochen und ging in Konkurrenz zu ihm. Das Verhalten hat ihn zwar gestört, dennoch kam er mit Benz klar.

Tobias Winter kennt er als gewissenhaften und flexiblen Meister, der eine introvertierte Grundeinstellung bevorzugt. Er ist mit der Leistung des Meisters sehr zufrieden. Der Meister hat mit seiner Gruppe bisher gute Arbeit geleistet.

Benz ist schon seit vielen Jahren in seinem Betrieb, und der Betriebsleiter möchte ihn trotz seiner Schwächen nur ungern verlieren. Allerdings möchte er auch nicht die Autorität des Meisters infrage stellen, sondern diesen in der Führungsarbeit unterstützen.

Der Betriebsleiter weiß aus Erfahrung, dass die Konfliktlösung das A und O der Personalführung ist und. Er möchte auf jeden Fall verhindern, dass der Konflikt zwischen dem Meister und dem Mitarbeiter dazu führt, dass der Betrieb auf den Baustellen gestört wird.

Anlagen:	keine
Hilfsmittel:	keine
Bearbeitungszeit:	schriftlich 120 Minuten
Punktzahl insgesamt:	100

Fragen	**max. Punkte**
1. Der Meister sendet dem Betriebsleiter eine Mail, in der er fordert, dass Benz entlassen wird. Wie beurteilen Sie das Kommunikationsmittel in diesem Fall? Welches Kommunikationsmittel sollte der Betriebsleiter zur Konfliktlösung wählen?	10
2. Welche Führungseigenschaften hat der Meister? Um welchen Mitarbeitertypus handelt es sich bei Sebastian Benz?	10

3. Was muss der Betriebsleiter beim Konfliktmanagement beachten, damit die betriebliche Leistung keinen Schaden nimmt?	10
4. Beschreiben Sie drei häufig anzutreffende Konfliktmanagementtechniken. Welche Konfliktmanagementtechnik im kooperativen Stil bietet sich an, damit der Konflikt über den Tag hinaus gelöst wird?	10
5. Welcher situative Führungsstil ist angemessen? Von welchem Bereitschaftsgrad des Meisters sollte der Betriebsleiter ausgehen?	10
6. Wie sollte der Betriebsleiter bei der kooperativen Konfliktregelung vorgehen? Beschreiben Sie die Stufen anhand des Falls.	20
7. Wie sollte der Betriebsleiter das Gespräch beginnen? Welche Gesprächsfertigkeiten sollte der Betriebsleiter einsetzen?	10
8. Formulieren Sie eine aktive Zuhörreaktion auf folgende Aussage des Meisters: Meister: „Ich habe verschiedene Gründe dafür ... Erstens ist er nach meinem Dafürhalten ein Störenfried. Er hat mir ganz schöne Schwierigkeiten gemacht, als ich versucht habe, den Trockenbauauftrag zu erledigen, den Sie mir delegiert haben. Er hat mir vor allen anderen mehrfach widersprochen." Meister: „Ich habe diesen Auftrag übernommen, obwohl er nicht gerade einfach ist. Das geht aber nicht, da Benz mir ständig widerspricht und sich nicht an meine Anweisungen hält, er ist eben ein Störenfried, und ich finde es nicht richtig, dass Sie in meine Kompetenzen eingreifen."	10
9. Formulieren Sie eine Ich-Botschaft des Betriebsleiters, in der er seinen Standpunkt vertritt.	10

Lösungsvorschläge (Antworten)

> Zu Frage 1

Das „Wie?“ der Kommunikation hat einen wichtigen Effekt, wenn es darum geht, das „Was?“ auf den Weg zu bringen. Je nachdem, welches Kommunikationsmittel der Meister wählt, kann er mit seinem Vorschlag Erfolg haben oder nicht.

Der Meister wählt ein schnelles, aber wenig reichhaltiges Kommunikationsmittel, das dann sinnvoll ist, wenn beispielsweise Bestellungen oder einfache Nachrichten gesendet werden. Bei einem für den Mitarbeiter und den Betrieb solch gravierenden Sachverhalt wie einer Kündigung ist es allerdings nicht angebracht. Zum einen ist es ein langjähriger Mitarbeiter, der entlassen werden soll, zum anderen ist eine Kündigung ein Instrument, das aufgrund der rechtlichen Hürden sehr sorgfältig eingesetzt werden muss.

Kommunikationsmittel unterscheiden sich nicht nur darin, ob sie schnell sind, sondern auch darin, ob man viele verbale und nonverbale Informationen übermitteln und ob man auf die Person des Empfängers unmittelbar eingehen kann. Bei der routinemäßigen Kommunikation hat die Mail ihre Berechtigung, bei einer möglichen Kündigung nicht.

Der Betriebsleiter muss bei einer kooperativen Konfliktregelung ein reichhaltiges Medium einsetzen. Dies ist das Gespräch von Angesicht zu Angesicht mit dem Meister. Wählt er den autoritären Stil, wird er sich auf eine knappe Mail beschränken können: „Nein, ich entlasse den Mann nicht.“ Der autoritäre Stil ist hier allerdings nicht zu empfehlen. Wählt er den Laissez-faire-Stil, wird er einfach der Forderung nachgeben und die Entscheidung des Meisters abnicken.

> Zu Frage 2

Der Meister hat Führungseigenschaften, die für den Führungserfolg wichtig sind: Offenheit für neue Erfahrung und Gewissenhaftigkeit. Die Extraversion ist bei ihm nicht stark ausgeprägt, sodass er sich in diesem Punkt weiterentwickeln kann.

Bei Sebastian Benz handelt es sich um einen extravertierten Mitarbeiter, der Impulse weitgehend von außen bezieht, bisweilen unüberlegt handelt, die mündliche Kommunikation bevorzugt und gern mit Menschen Kontakt hat. Daneben bestimmt das logisch-sachliche Urteilen, das Denken sein Handeln. Die Auswirkung des Gesagten auf den Betroffenen (z. B. den Vorgesetzten oder auf Kollegen) abzuschätzen ist nicht seine Stärke.

> Zu Frage 3

Der Betriebsleiter muss darauf achten, dass der dysfunktional verlaufende Konflikt zwischen dem Meister und dem Facharbeiter nicht den Betrieb des Unternehmens stört.

Der Meister sieht sich überfordert, den extravertierten und sachorientierten Mitarbeiter zu führen und dessen Verhalten zu ändern. Er greift zum letzten Mittel: der Entlassung des Mitarbeiters, da er sich nicht in der Lage sieht, das Verhalten des Mitarbeiters Benz in geeigneter Weise zu beeinflussen. Der Konflikt ist eskaliert und hat die höchste Stufe erreicht. Der Meister wünscht die Kündigung des Mitarbeiters. Schreitet der Betriebsleiter nicht ein, wird die betriebliche Leistung sinken. Wenn er nachgibt, muss der Betrieb einen neuen guten Facharbeiter finden, der möglicherweise eingearbeitet werden muss. Lehnt er die Kündigung ab, ist zu befürchten, dass der Meister demotiviert wird.

> Zu Frage 4

Der Betriebsleiter kann auf eine Vielzahl von Konfliktmanagementtechniken wie zum Beispiel das Problemlösen, die Weisung, die Beschwichtigung usw. zurückgreifen.

Der Königsweg unter den Konfliktmanagementtechniken ist die Problemlösung. Konflikte werden als Soll-Ist-Abweichungen gesehen, die natürlicherweise bei der Arbeit entstehen. Der Betriebsleiter spricht die Soll-Ist-Abweichung offen an. Der Meister möchte dem Mitarbeiter kündigen. Dagegen steht, dass es sich um einen langjährigen Mitarbeiter handelt, den der Betrieb gut brauchen kann. Bei der Konfliktlösung werden sowohl die persönlichen Interessen des Meisters als auch die betrieblichen Interessen gewahrt. Die Problemlösung liegt der kooperativen Konfliktregelung zugrunde.

Eine andere Technik der Konfliktregelung ist das Beschwichtigen. Der Betriebsleiter beschwichtigt seinen Meister. („Nicht so schlimm! Nimm es nicht so tragisch! Bei mir war Benz ähnlich!“) Dadurch wird der Konflikt zwischen dem Meister und Benz nicht gelöst. Im besten Falle hat das Verhalten des Betriebsleiters eine aufschiebende Wirkung. Der extravertierte Mitarbeiter zeigt weiterhin das in den Augen des Meisters unerwünschte Verhalten, welches dieser als Provokation empfindet. Bei dem introvertierten Meister staut sich dann die Aggression an.

Oft kommt es in der Praxis vor, dass Vorgesetzte einen Mitarbeiter versetzen, um das Problem zu lösen. Der Betriebsleiter würde dann Sebastian Benz aus der Arbeitsgruppe des Meisters herausnehmen und in einer anderen Gruppe beschäftigen. Dabei handelt es sich um eine Problemverschiebung. Zeigt der Mitarbeiter Benz weiterhin seine unangepassten Verhaltensweisen, sieht sich der neue Vorgesetzte mit ähnlichen Problemen konfrontiert.

> Zu Frage 5

Der introvertierte Meister zeigt eine gute Leistung. Der Betriebsleiter ist mit ihm sehr zufrieden. Dies zeigt sich auch daran, dass der Betriebsleiter ihn mit der Personalführung betraut hat. Der Meister hat das notwendige Können und die Bereitschaft, es zu zeigen. Der Bereitschaftsgrad ist hoch und der delegative Stil angebracht. Allerdings zeigt das Verhalten des Meisters auch, dass er hin und wieder Hilfe braucht. Der Meister kommt mit dem extravertierten, sachorientierten Verhalten von Benz nicht zurecht. Somit muss der Betriebsleiter dieses Mal dem Meister seine Hilfe anbieten.

> Zu Frage 6

Die kooperative Konfliktregelung besteht aus mehreren Stufen, die es zu berücksichtigen gilt. Auch wenn sie nicht systematisch im Gespräch hintereinander beschritten werden, sollten sie alle begangen werden.

Die sechs Stufen sind die Problembeschreibung, Lösungsvorschläge, Bewertung der Lösungsvorschläge, die Entscheidung, die Umsetzung der Entscheidung und die nachfolgende Überprüfung der Entscheidung im Hinblick auf ihre Wirksamkeit.

- **Problembeschreibung**
Zu Beginn wird die Soll-Ist-Abweichung beschrieben: der Meister möchte den Mitarbeiter entlassen und begründet dies mit dem unzulänglichen sozialen Verhalten des Mitarbeiters, an dem sich nichts geändert hat. Der Betriebsleiter, der vorher Vorgesetzter von Benz war, kennt Benz von früher als leistungsstarken extravertierten Facharbeiter, der allerdings nicht ganz einfach zu führen ist. Zwischen der Meinung des Meisters und der des Betriebsleiters gibt es klare Unterschiede, die es zu überrücken gilt.

- **Lösungsvorschläge**
Hier werden mögliche Lösungen des Problems erörtert. Die Lösung, den Mitarbeiter zu entlassen oder abzumahnen, kommt zur Sprache, aber auch andere Möglichkeiten. Ein weiterer Vorschlag kann sein, dass der Betriebsleiter mit Sebastian Benz ein Kritikgespräch führt. Der Betriebsleiter kann auch vorschlagen, dass der Meister mit dem Facharbeiter ein Kritikgespräch führt, und ihm anbieten, bei der Vorbereitung des Gesprächs zu helfen („Coaching“).

- **Bewerten der Vorschläge**

Die einzelnen Vorschläge werden anhand ihrer Wirksamkeit bewertet. Welche Vorteile bzw. Nachteile hat die Entlassung für den Betrieb? Welche Vor- und Nachteile hat die Abmahnung? Welche Vor- und Nachteile hat das Coaching? Welche Vor- und Nachteile hat die Rücknahme der Delegation?

Eine Lösung des Konflikts wäre, dass der Betriebsleiter direkt mit seinem früheren Mitarbeiter Benz ein Kritikgespräch führt. Dabei könnte er den Facharbeiter verwarnen und eventuell auf die Wirkungen seines extravertierten Verhaltens - dem Meister vor der Gruppe zu widersprechen - eingehen. Der Nachteil dabei ist, dass der Betriebsleiter damit die Autorität des Meisters untergräbt. Er greift ein, obwohl der Meister diese Aufgabe selber erledigen kann. In diesem Fall ist dies nicht zu empfehlen. Besser ist es, wenn der Betriebsleiter dem Meister hilft, den Konflikt mit dem Facharbeiter zu bereinigen.

- **Entscheidung**

Nach Erörterung der Vor- und Nachteile der Vorschläge wird eine Entscheidung getroffen. Der Betriebsleiter hilft dem Meister bei der Vorbereitung des Kritikgesprächs und gibt ihm Tipps, wie man den extravertierten und sachorientierten Mitarbeiter dahingehend beeinflusst, dass dieser nicht mehr bewusst oder unbewusst in Konkurrenz zu ihm geht.

- **Umsetzung der Entscheidung**

Zur Vorbereitung der Umsetzung der Entscheidung geht der Betriebsleiter mit ihm die einzelnen Phasen des Kritikgesprächs durch, formuliert mögliche Ich-Botschaften und aktive Zuhörreaktionen. Danach macht er eine Zielvereinbarung mit dem Meister.

- **Überprüfung der Entscheidung**

Nach vierzehn Tagen spricht der Betriebsleiter wieder mit dem Meister und fragt nach seinen Erfahrungen und der Wirksamkeit der Maßnahmen. Gegebenenfalls erkundigt er sich später noch einmal nach den Verhaltensfortschritten von Sebastian Benz.

> zu Frage 7

Ehe der Betriebsleiter handelt, wird er sich klarmachen müssen, wer das Problem hat. Zunächst wird er (vielleicht) stöhnen, wenn er die Mail von Tobias Winter bekommt: „Nun habe ich das Problem." Durch Nachdenken wird er allerdings feststellen, dass der Meister das Problem hat und er als Betriebsleiter damit zunächst die Rolle des Zuhörenden hat.

Beim Gespräch sollte er einen Direkteinstieg wählen. Schließlich hat er den Meister zum Gespräch gebeten, und der Meister möchte schnell wissen, was Sache ist. Danach sollte er Ich-Botschaften senden, um seinen Standpunkt zu verdeutlichen.

Der Dialog zu Beginn des Gesprächs könnte so aussehen:

Betriebsleiter: „Hallo, Herr Winter, wie gehts?“

Meister: „Gut.“

Betriebsleiter: „Ich möchte mit Ihnen über Sebastian Benz sprechen. Sie schrieben mir eine Mail, dass Sie ihn entlassen wollen.“

Meister: „Ja, Sie haben also meine Mail bekommen. Ich schlage vor, dass wir ihn raussetzen.“

Betriebsleiter: „Warum wollen Sie ihn entlassen? Warum halten Sie dies für notwendig?“

(Der Betriebsleiter nimmt die Rolle des Zuhörers ein, um den Standpunkt des Meisters besser kennenzulernen; der Meister fühlt sich dadurch akzeptiert und nicht in die Defensive gedrängt).

> zu Frage 8

Meister: „Ich habe verschiedene Gründe dafür ... Erstens ist er nach meinem Dafürhalten ein Störenfried. Er hat mir ganz schöne Schwierigkeiten gemacht, als ich versucht habe, den Trockenbauauftrag zu erledigen, den Sie mir delegiert haben. Er hat mir vor allen anderen mehrfach widersprochen und zwar unsachlich.

Ich habe diesen Auftrag übernommen, obwohl er nicht gerade ein Kinderspiel ist. Das geht aber nicht, da Benz mir widerspricht und sich nicht an meine Anweisungen hält. Er ist eben ein Störenfried, und ich finde es nicht richtig, dass Sie in meine Kompetenzen eingreifen.“

Betriebsleiter: „Sie können den Auftrag nicht erledigen, weil Benz Ihnen Ärger bereitet. Und ich helfe Ihnen nicht, indem ich in Ihre Kompetenzen eingreife.“

> zu Frage 9

„Hier geht es nicht darum, ob ich Ihnen auf die Finger sehe oder nicht, sondern wir haben ein betriebliches Problem. Ich bin dabei ebenfalls tangiert, meine Aufgabe ist es, den Betrieb gut zu führen.

Benz ist seit 10 Jahren bei uns, wurde gut beurteilt. Stellen Sie sich vor, ich würde Sie entlassen, wenn Sie schon so lange in der Firma wären und ich der neue Vorgesetzte wäre ... Ich muss den Dingen auf den Grund gehen, ehe ich solch eine tiefgreifende Entscheidung treffe.“

Aufgabe 2: Der unangenehme Kunde

Situationsbeschreibung

„Groß genug, um alle Kundenanforderungen und -wünsche erfüllen, und klein genug, um eine persönliche Betreuung bieten zu können!“ – Das ist das Motto eines Betriebs für Autoteile.

In diesem Betrieb pflegt der Inhaber seinen Mitarbeitern gegenüber den kooperativen Führungsstil und hat das Managementkonzept „Management-by-Delegation“ eingeführt, dessen wichtigste Säule das Delegieren ist. Er selbst nimmt Führungsaufgaben wahr.

Nach der erfolgreichen Einarbeitung hat der Betriebsinhaber Beratung und Verkauf der Ersatzteile an einen Mitarbeiter delegiert. Der Mitarbeiter hat diese Aufgaben in den letzten zwei Jahren mit Erfolg durchgeführt, ohne dass es Anlass zu Beanstandungen gab. Im Mitarbeitergespräch hat der Betriebsinhaber bestätigt, dass er mit dessen Leistung sehr zufrieden ist.

Nun kommt es zu einem Vorfall. Der Mitarbeiter streitet sich mit einem Kunden, der schon seit langer Zeit dort einkauft und der den Inhaber des Geschäfts sehr gut kennt.

Der Kunde kommt aufgebraust in den Verkaufsraum des Lagers und wünscht die bestellte Ware. Der Mitarbeiter ist zunächst freundlich und entgegenkommend. Als der Kunde allerdings ausfällig wird, reagiert er aggressiv und laut.

Der Inhaber hört das im Nebenzimmer und betritt – ohne lange zu überlegen – den Verkaufsraum, übergeht den Mitarbeiter, begrüßt den Kunden und fragt diesen, ob er helfen könne. Der Kunde ändert nun sein Verhalten und ist sachlich. Der Inhaber wickelt nun die Bestellung selber ab. Der Mitarbeiter ist frustriert und geht aus dem Raum.

Anlagen:	keine
Hilfsmittel:	keine
Bearbeitungszeit:	schriftlich 120 Minuten
Punktzahl insgesamt:	100

Fragen	**max. Punkte**
1. Beschreiben Sie kurz das Management-by-Delegation-Konzept. Von welchem Bereitschaftsgrad des Mitarbeiters geht der Vorgesetzte aus?	15
2. Wie schätzen Sie den Vorfall unter dem Gesichtspunkt des Delegierens ein?	20
3. Wie kommt die Frustration beim Mitarbeiter zustande? Welche Bedürfnisse werden bei ihm frustriert?	15

4. Wie beurteilen Sie das Verhalten im Hinblick auf die vertrauensvolle Zusammenarbeit zwischen Vorgesetztem und Mitarbeiter? Was kann der Vorgesetzte tun, um die vertrauensvolle Zusammenarbeit wieder herzustellen?	15
5. Wie sollte der Inhaber vorgehen, um seinen Mitarbeiter von vornherein nicht zu demotivieren, um die Vertrauensbasis zu erhalten?	20
6. Welche Selbstmanagementkonsequenzen sollte der Vorgesetzte aus dem Vorfall ziehen? Welche der Mitarbeiter?	15

Lösungsvorschläge (Antworten)

> Zu Frage 1

Das Managementkonzept sieht vor, dass der Vorgesetzte dem Mitarbeiter die Aufgaben zur selbstständigen Erledigung überträgt. Mit der Übertragung der Aufgaben sind bei diesem Managementkonzept auch die Befugnisse und die Verantwortung verbunden. Der Vorgesetzte nimmt dann Führungsaufgaben wahr. Die Übertragung/Verantwortung setzt einen hohen Bereitschaftsgrad des Mitarbeiters voraus: Sein Können und seine Motivation müssen hoch sein. Der Mitarbeiter hat unter Beweis gestellt, dass er der Aufgabe gewachsen ist. Der Vorgesetzte ist mit seiner Leistung sehr zufrieden.

> Zu Frage 2

Der Betriebsinhaber hat Beratung und Verkauf an den Mitarbeiter delegiert. Dies bedeutet, dass der Mitarbeiter diese Tätigkeiten selbstständig und in eigener Verantwortung erledigt. Gleichzeitig ist der Betriebsinhaber um Kundenorientierung bemüht. Er möchte die Kundenwünsche erfüllen, und alle Kunden sollen persönlich betreut werden.

Im konkreten Fall gewichtet er die Kundenzufriedenheit höher als das Managementprinzip Delegation.

Er hilft dem Kunden, ohne seinen Mitarbeiter einzubeziehen. Damit greift er in den Entscheidungsspielraum des Mitarbeiters ein und trifft Entscheidungen, die er vorher an den Mitarbeiter delegiert hat.

Es handelt sich dabei um eine Rücknahme der Delegation. Macht er dies häufiger, wird er das Delegationsprinzip, das ihn in der täglichen Arbeit entlastet, unterlaufen. Eine Folge davon ist, dass der Mitarbeiter demotiviert wird.

> Zu Frage 3

Der Mitarbeiter hat Wertschätzungsbedürfnisse und soziale Bedürfnisse, die hier frustriert werden. Durch die Rücknahme der Delegation verletzt der Betriebsinhaber das Bedürfnis nach Leistung, Selbstständigkeit und Unabhängigkeit einerseits und die Bedürfnisse nach Anerkennung und Respekt andererseits.

Auch fühlt sich der Mitarbeiter ausgeschlossen, sodass bei ihm soziale Bedürfnisse verletzt werden. Die „Flucht“ des Mitarbeiters aus dem Raum ist somit leicht erklärbar.

> Zu Frage 4

Der Mitarbeiter erwartet von seinem Vorgesetzten - so wie dieser von ihm - Loyalität und Berechenbarkeit. Dies sind die Fundamente der vertrauensvollen Zusammenarbeit. Indem der Vorgesetzte den Mitarbeiter zugunsten der Kundenorientierung übergeht, wird die vertrauensvolle Zusammenarbeit gestört, und der Vorgesetzte sollte versuchen, sie wiederherzustellen.

Nach dem Vorfall sollte der Inhaber mit dem Mitarbeiter sprechen und ihm klarmachen, dass er das Delegationsprinzip zwar außer Kraft gesetzt hat, dass dies aber eine Ausnahme war. Er wendete das Management-by-Exception an, nachdem der Mitarbeiter auch laut wurde, da er der Meinung war, dass etwas schieflief.

> Zu Frage 5

Besser ist es, wenn er den Mitarbeiter nicht übergeht und bei dem Streit hinzutritt und fragt, ob er helfen könne. Dabei wird er sich dem Mitarbeiter zuwenden und ihm nonverbal zum Ausdruck bringen, dass er ihm den Rücken stärkt, ohne dass er den Kunden verletzt. Sollte der Mitarbeiter Hilfe wünschen, wird dieser es dann sagen. Sollte der Mitarbeiter die Aufgabe in diesem besonderen Fall rückdelegieren wollen, kann der Inhaber dann verantwortlich eingreifen. Wenn nicht, kann der Inhaber sich darauf beschränken, mit dem Kunden einen Smalltalk zu führen, und darauf verweisen, dass der Mitarbeiter den Auftrag erledigt.

> Zu Frage 6

Der Inhaber sollte sein impulsives Verhalten im Hinblick auf die Personalführung reflektieren. Nachdem er das Delegationsprinzip in seinem Betrieb eingeführt hat, muss er sich auch daran halten, sonst gefährdet er die vertrauensvolle und berechenbare Zusammenarbeit. Beim Mitarbeiter führt sein Verhalten zu Frustration und Demotivation.

Um sein impulsives Verhalten in den Griff zu bekommen, kann er sich jedesmal, bevor er handelt, eine „Denkpause“ verordnen. Auch hilft es, wenn er sich bewusst macht, welcher psychologische Typ er ist (zum Beispiel, dass er Extraversion stark bevorzugt).

Der Mitarbeiter macht auch einen gravierenden Fehler, der im Umgang mit Kunden kontraproduktiv ist. Als der Kunde ausfällig wird, wird er auch aggressiv und laut, sodass der Konflikt eskaliert. Hier kann der Betriebsinhaber dem Mitarbeiter aufzeigen, wie der Mechanismus der wechselseitigen Steuerung funktioniert: Ein Wort gibt das andere.

Auch hier ist es zweckgünstig, wenn der Mitarbeiter nicht sofort reagiert, sondern erst seiner Aggression Herr wird.